Warum es wichtig ist, ehrlich zu sein.

von Dominik Wexenberger

interpretiert und vereinfacht für

Deutsch-Lerner

nach Oscar Wilde

This book is part of the series „Learn German – Classics simplified for language learners"

D1411432

Die Personen im Theaterstück

John Worthing, J.P.

Algernon Moncrieff

Rev. Canon Chasuble, D.D.

Merriman, Butler

Lane, Diener

Lady Bracknell

Hon. Gwendolen Fairfax

Cecily Cardew

Miss Prism, Lehrerin

Die Szenen im Theaterstück

1. Akt: Die Wohnung von Algernon Moncrieff in der Halbmond-Straße in Woolton

2. Akt: Der Garten hinter dem Manor-Haus in Woolton

3. Akt: Der Salon im Manor Haus in Woolton

Zeit: Die Gegenwart.

1. Akt

Szene

Das Frühstückszimmer von Algernons Wohnung in der Halbmond-Straße. Im Raum gibt es viele luxuriöse und kunstvolle Möbel. Man kann ein Piano hören, das in einem anderen Raum gespielt wird.

[Lane deckt den Tisch für den Tee und nachdem die Musik aufgehört hat, kommt Algernon in das Zimmer.]

Algernon: Haben Sie gehört, wie ich Klavier gespielt habe, Lane?

Lane: Ich denke, dass ich nicht zuhören sollte. Es ist nicht höflich, Herr.

Algernon: Es ist sehr schade, dass Sie so denken. Für Sie, meine ich. Ich spiele nicht perfekt – jeder kann perfekt spielen – aber ich spiele mit Herz und Gefühl. Herz und Gefühl sind meine Stärke, Perfektion ist etwas für die Wissenschaft. Und die Wissenschaft ist für das Leben und nicht für die Kunst.

Lane: Natürlich, Herr.

Algernon: Und da wir gerade von der Wissenschaft des Lebens sprechen, haben Sie die Gurkenbrote für Lady Bracknell geschnitten?

Lane: Natürlich, Herr.

Algernon: [Er sieht sich die Brote genau an, nimmt zwei und setzt sich auf das Sofa] Oh! ... Fast hätte ich es vergessen. Donnerstag, das war der Tag, als Lord Shoreman und Mr. Worthing mit mir zu Abend gegessen haben, richtig? Ich habe in ihrem Buch gesehen, dass acht Flaschen Champagner an diesem Tag als 'getrunken' notiert sind.

Lane: Richtig, Herr. Acht Flaschen und ein Bier.

Algernon: Warum trinken die Angestellten in einem Single-Haushalt wie meinem so viel Champagner? Ich frage nur, weil es mich interessiert.

Lane: Ich würde sagen, dass es in Single-Haushalten den besten Champagner gibt. Ich habe schon oft gesehen, dass in Haushalten von Ehepaaren nur noch mittelmäßiger Champagner serviert wird. Richtig guten Champagner gibt es nur noch manchmal.

Algernon: Oh mein Gott! Ist das Leben als Ehepaar wirklich so traurig?

Lane: Ich glaube, dass es in Wirklichkeit ein sehr glückliches Leben ist. Ich habe persönlich sehr wenig Erfahrung und kann nicht so viel sagen. Ich war bis jetzt nur einmal verheiratet. Und diese Ehe war ein Missverständnis zwischen mir und einer jungen Person.

Algernon: [Gelangweilt] Ich glaube nicht, dass ich mich für ihr Familienleben interessiere, Lane.

4

Lane: Nein, Herr. Es ist auch kein interessantes Thema. Ich interessiere mich auch nicht dafür.

Algernon: Natürlich nicht. Ich kann Sie gut verstehen. Das ist alles, Lane, danke.

Lane: Danke, Herr. [Lane geht aus dem Zimmer]

Algernon: Lane hat eine wirklich eigenartige Perspektive beim Thema Ehe. Ich glaube, meine Angestellten sollten ein bisschen mehr Moral haben! Warum bezahle ich sie, wenn sie nicht einmal ein gutes Beispiel für mein eigenes Leben geben können? Wenn ich nur daran denke, dass wahrscheinlich die ganze Arbeiterklasse in diesem Land so denkt! Ich brauche Angestellte, die wissen, was ihre moralische Verantwortung ist!

[Lane kommt ins Zimmer]

Lane: Mr. Ernest Worthing.

[Jack kommt ins Zimmer]

[Lane geht aus dem Zimmer]

Algernon: Wie geht es dir, mein lieber Ernest? Was bringt dich in die Stadt?

Jack: Oh, Spaß und Vergnügen. Warum sollte ich sonst mein Haus verlassen? Ich sehe, wie immer hast du etwas zu essen in der Hand, Algy!

Algernon: [Steif] Soweit ich weiß, nimmt man sich in meiner gesellschaftlichen Klasse eine kleine Pause um 5 Uhr, isst ein bisschen und ruht sich aus. Wo warst du in den letzten Tagen?

Jack: [Setzt sich auf das Sofa] Ich bin ein bisschen aufs Land gefahren.

Algernon: Was zum Teufel macht man auf dem Land?

Jack: [Zieht seine Handschuhe aus] Wenn man in der Stadt ist, hat man Spaß. Wenn man auf dem Land ist, ist man der Spaß für die anderen Leute. Es ist ziemlich langweilig.

Algernon: Und wer sind die Leute, für die du der Spaß bist?

Jack: [Entspannt] Oh, Nachbarn, Nachbarn.

Algernon: Hast du nette Nachbarn in deinem Teil vom Shropshire?

Jack: Sie sind absolut schrecklich! Ich spreche nie mit ihnen.

Algernon: Ich bin mir sicher, dass du ein riesen Spaß für diese Leute bist. [Er geht zum Tisch und nimmt ein Gurkenbrot] Übrigens, Shropshire ist deine Gegend, oder?

Jack: Hm? Shropshire? Ja, natürlich. Warum stehen so viele Tassen auf dem Tisch? Und Gurkenbrote? Gibt es einen besonderen Grund? Welche Verschwendung! Wer kommt zum Tee?

Algernon: Oh! Niemand Besonderes. Nur Tante Augusta und Gwendolen.

Jack: Großartig!

Algernon: Ja, das ist alles schön und gut. Aber ich fürchte, dass sich Tante Augusta nicht wirklich freuen wird, wenn sie dich hier sieht.

Jack: Darf ich fragen, warum?

Algernon: Mein lieber Freund, so wie du mit Gwendolen flirtest, brauchst du nicht auch noch zu fragen, warum meine Tante dich nicht mehr sehen will. Sogar ich kann diese unmoralische Flirterei nicht mehr sehen! Es ist fast so schlimm, wie wenn Gwendolen mit dir flirtet!

Jack: Ich liebe Gwendolen. Ich bin in die Stadt gekommen, weil ich sie fragen will, ob sie meine Frau werden will.

Algernon: Ich dachte, dass du für Spaß und Vergnügen hier bist? … Ich würde dazu Geschäft sagen.

Jack: [Ironisch] Wie unglaublich romantisch du bist!

Algernon: Ich kann nicht wirklich etwas Romantisches darin sehen, eine Frau um ihre Hand zu bitten. Es ist sehr romantisch verliebt zu sein. Aber es ist auf keinen Fall romantisch, wenn man eine Frau heiraten will. Warum? Weil es passieren könnte, dass die Frau akzeptiert. Normalerweise passiert das auch, glaube ich. Und dann? Dann ist Schluss mit der Romantik. Romantik braucht das Risiko, die Angst zu verlieren, die Unsicherheit. Sollte ich in meinem Leben auf die Idee kommen zu heiraten, werde ich nach der Hochzeit vergessen, dass ich verheiratet bin.

Jack: Ich habe keine Zweifel daran, lieber Algy. Die Scheidungsgerichte wurden für Leute erfunden, die diesen besonderen Typ von Vergesslichkeit nach ihrer Hochzeit entwickeln.

Algernon: Nun, ich denke, dass wir nicht über dieses Thema spekulieren müssen. Scheidungen sind im Himmel erfunden worden – [Jack versucht nach einem Gurkenbrot zu greifen, aber Algernon schlägt auf seine Hand] – Bitte, lass die Gurkenbrote wo sie sind. Ich habe sie speziell für Tante Augusta machen lassen. [Er nimmt ein Brot und isst es]

Jack: Aber du isst doch schon die ganze Zeit!

Algernon: Nun, du kannst das doch nicht vergleichen. Sie ist meine Tante. [Er nimmt einen Teller von unten] Hier, iss ein bisschen Brot mit Butter. Das Brot und die Butter sind für Gwendolen. Gwendolen liebt Brot und Butter.

Jack: [Geht zum Tisch und nimmt sich ein Brot] Ich muss sagen, das Brot und die Butter sind hervorragend!

Algernon: Nun, mein lieber Freund, es gibt keinen Grund so schnell oder so viel davon zu essen. Du verhältst dich, als ob du schon mit ihr verheiratet wärest. Hör genau zu: Du bist nicht mit ihr verheiratet und du wirst es wahrscheinlich nie sein, wenn du meine Meinung wissen willst.

Jack: Warum zum Teufel sagst du das?

Algernon: Das ist ganz einfach. Erstens heiraten Mädchen niemals den Mann, mit dem sie flirten. Die Mädchen denken, dass dieser Mann nicht der Richtige für sie ist.

Jack: Was für ein Unsinn!

Algernon: Es ist kein Unsinn. Es ist die Wahrheit. Hast du dich nie gefragt, warum es so viele männliche Singles in der Gegend gibt? Und zweitens muss ich dir sagen, dass ich dir nicht meine Erlaubnis gebe.

Jack: Deine Erlaubnis!

Algernon: Mein lieber Freund, Gwendolen ist meine Cousine. Und bevor ich dir erlauben kann, meine geliebte Cousine zu heiraten, musst du erst einmal dein Leben aufräumen. Ich denke da an die Geschichte mit Cecily. [Er klingelt]

Jack: Cecily! Was zum Teufel meinst du? Was willst du damit sagen? Ich kenne niemanden mit dem Namen Cecily.

[Lane kommt ins Zimmer]

Algernon: Bringen Sie mir das Zigarettenetui, welches Mr. Worthing das letzte Mal, als er hier zu Abend gegessen hat, im Raucherzimmer vergessen hat.

Lane: Natürlich, Herr. [Lane verlässt das Zimmer]

Jack: Willst du damit sagen, dass du mein Zigarettenetui die ganze Zeit hattest? Warum hast du nichts gesagt? Ich habe es schon verzweifelt gesucht und sogar Briefe an Scotland Yard geschrieben, damit sie mir helfen, es zu suchen. Ich wollte dem ehrlichen Finder viel Geld bezahlen.

Algernon: Das ist eine hervorragende Idee! Gib dem ehrlichen Finder eine ordentliche Summe Geld. Im Moment kann ich ein bisschen Geld extra gut gebrauchen.

Jack: Da das Zigarettenetui schon gefunden wurde oder besser gesagt, niemals verloren wurde, da ich es hier vergessen habe, gibt es auch kein Geld für den Finder.

[Lane kommt zurück in das Zimmer mit dem Zigarettenetui. Algernon nimmt es sofort in die Hand. Lane verlässt das Zimmer wieder]

Algernon: Ich denke, dass das nicht gerecht von dir ist, Ernest. Das hätte ich nicht von dir erwartet. [Er öffnet das Etui und untersucht es genau] Nun gut, egal, es spielt auch keine Rolle. Nachdem ich mir das Etui gerade genauer angesehen habe, habe ich zufällig bemerkt, dass da ein anderer Name geschrieben steht. Es kann also nicht dein Etui sein, sondern es gehört einem anderen Mann.

Jack: Natürlich ist es mein Etui. [Er nähert sich Algernon] Du hast mich viele Male mit ihm gesehen und du hast kein Recht, es zu öffnen und zu lesen, was in ihm geschrieben steht. Hättest du auch nur ein bisschen Klasse, würdest du keine privaten Zigarettenetuis lesen.

Algernon: Oh! Es ist absurd Regeln zu haben, die einem sagen, was man lesen und nicht lesen darf. Mehr als die Hälfte unserer modernen Kultur hängt davon ab, was man nicht lesen sollte.

Jack: Ich weiß das, mach dir keine Sorgen. Aber ich will jetzt nicht mit dir über moderne Kultur diskutieren. Es ist nicht wirklich ein Thema, über das ich mit dir alleine sprechen muss. Ich will nur mein Zigarettenetui zurück.

Algernon: Ja, ich verstehe das. Aber das ist nicht dein Zigarettenetui. Es tut mir leid. Dieses Etui ist ein Geschenk von einer Person mit dem Namen Cecily und du hast gesagt, dass du niemanden mit diesem Namen kennst.

Jack: Nun, wenn du es wirklich wissen willst, Cecily ist meine Tante. Zufrieden?

Algernon: Deine Tante!

Jack: Ja. Eine wundervolle und sympathische, alte Dame. Sie lebt in Tunbrigde Wells. Gib es mir einfach zurück, Algy.

Algernon: [Versucht sich ein bisschen von Jack zu entfernen] Aber warum nennt sie sich 'kleine Cecily', wenn sie deine Tante ist und in Tunbridge Wells lebt? [Er liest] 'Von deiner kleinen Cecily mit Liebe'.

Jack: [Geht zu Algernon und fällt vor ihm auf die Knie] Mein lieber Freund, was ist dein Problem mit diesem Thema? Manche Tanten sind groß und manche Tanten sind klein. Das ist ein Thema, das meine Tante für sich selbst entscheiden sollte. Es ist ihre Sache, ob sie groß oder klein sein will. Du scheinst zu denken, dass jede Tante exakt genauso groß sein muss wie deine Tante! Das ist absurd! Um Himmels Willen, gib mir mein Zigarettenetui zurück! [Er verfolgt Algernon im Raum]

Algernon: Ja. Aber warum nennt dich deine Tante Onkel? 'Von deiner kleinen Cecily mit Liebe für meinen Onkel Jack'. Ich habe kein Problem mit deiner kleinen Tante, absolut nicht, aber warum eine Tante – egal wie groß oder klein sie ist – ihren eigenen Neffen Onkel nennt, das kann ich nicht verstehen. Außerdem heißt du Ernest und nicht Jack, soweit ich weiß.

Jack: Mein Name ist nicht Ernest. Ich heiße Jack.

Algernon: Du hast mir immer gesagt, dass dein Name Ernest ist. Ich habe dich allen meinen Freunden als Ernest vorgestellt. Du antwortest, wenn jemand Ernest zu dir sagt. Du sieht aus wie jemand, der Ernest heißt. Ich habe mein ganzes Leben niemanden kennen gelernt, zu dem der Name Ernest so perfekt gepasst hat, wie zu dir. Es ist absolut absurd, wenn du sagst, dass dein Name nicht Ernest ist. Auf deiner Karte steht Ernest. Hier hast du eine. [Er nimmt eine Karte und beginnt zu lesen] 'Mr. Ernest Worthing, B. 4, The Albany.' Ich werde diese Karte gut aufbewahren, damit ich dich daran erinnern kann, dass du Ernest heißt, falls du es wieder vergessen solltest. [Er steckt die Karte in seine Tasche]

Jack: Nun, mein Name ist Ernest, wenn ich in der Stadt bin und Jack, wenn ich auf dem Land bin. Und das Zigarettenetui wurde mir geschenkt, als ich auf dem Land war.

Algernon: Ja, schön und gut, aber das ändert nicht das Problem mit deiner kleinen Tante Cecily, die dich mein lieber Onkel nennt. Raus mit der Sprache! Hör auf mit den Geschichten und erzähl mir etwas, das ich dir auch glauben kann, mein alter Freund.

Jack: Mein lieber Algy, du sprichst genauso wie mein Zahnarzt. Und man sollte nicht wie ein Zahnarzt sprechen, wenn man kein

Zahnarzt ist. Man bekommt einen falschen Eindruck.

Algernon: Ich spreche wie ein Zahnarzt, wenn ich Lust habe wie ein Zahnarzt zu sprechen. Und jetzt, raus mit der Sprache! Erzähl mir die ganze Geschichte. Ich habe schon immer vermutet, dass du eigentlich ein versteckter Bunburist bist. Und wenn ich ehrlich bin: Jetzt bin ich fast sicher.

Jack: Bunburist? Was zum Teufel ist ein Bunburist?

Algernon: Ich werde es dir gleich erzählen. Aber zuerst will ich wissen, warum du Ernest in der Stadt und Jack auf dem Land bist. Sei so freundlich und lass mich nicht länger warten, in Ordnung?

Jack: Nun gut, aber zuerst brauche ich eine Zigarette.

Algernon: Hier hast du eine. [Er gibt ihm eine Zigarette] Und nun, lass mich deine Geschichte hören. Und ich hoffe, dass diese Geschichte außergewöhnlich ist.

Jack: Mein lieber Freund, meine Geschichte ist absolut nicht außergewöhnlich, sondern eigentlich ziemlich gewöhnlich. Der alte Mr. Thomas Cardew, der Mann, der mich adoptiert hat, als ich ein kleiner Junge war, hat mich in seinem Testament zum Verantwortlichen für seine Enkelin gemacht. Ihr Name ist Miss Cecily Cardew. Cecily sagt zu mir Onkel und sie macht das aus Respekt vor mir, aber wahrscheinlich verstehst du nicht viel von Respekt. Sie lebt in meinem Haus auf dem Land und wird von einer wundervollen Dame unterrichtet, Miss Prism.

Algernon: Wenn wir gerade darüber sprechen... Wo ist dieses

Haus auf dem Land genau?

Jack: Ich denke nicht, dass du das wissen musst. Ich werde dich sicher nicht einladen… Das Haus ist nicht in Shropshire, so viel kann ich dir sagen.

Algernon: Das habe ich mir schon gedacht, mein lieber Freund! Ich habe schon zwei Mal in ganz Shropshire einen Bunbury-Ausflug gemacht. Und jetzt erzähl weiter. Warum bist du Ernest in der Stadt und Jack auf dem Land?

Jack: Mein lieber Algy, ich bin mir nicht sicher, ob du meine wirklichen Motive verstehen kannst. Du bist kein Mann, der diese Dinge verstehen kann. Wenn man der Verantwortliche von jemand ist, dann muss man hohe moralische Standards bei jedem Thema haben. Es ist deine Pflicht, dich immer und überall moralisch und korrekt zu verhalten. Und wie du dir vielleicht denken kannst, ist ein zu moralisches Leben nicht gut für die körperliche und geistige Gesundheit. Glücklich wird man so nicht! Nun, deshalb habe ich meinen jüngeren Bruder Ernest erfunden. Er lebt das glückliche und sorgenfreie Leben, das ich nicht leben kann. Das ist die Wahrheit, mein lieber Algy, pur und einfach.

Algernon: Die Wahrheit ist selten pur und niemals einfach. Das moderne Leben wäre sehr langweilig, wenn es pur und einfach wäre, und moderne Literatur könnte nicht existieren!

Jack: Vielleicht wäre das besser für die Welt!

Algernon: Vielleicht solltest du etwas anderes als Literatur kritisieren, mein lieber Freund. Lass es am besten sein. Literaturkritik ist etwas für Leute, die nicht zur Universität gegangen sind. Sie machen das dann hervorragend in der Tageszeitung. Aber, was du in Wirklichkeit bist, ist ein Bunburist! Ich habe es gleich gewusst! Und wenn ich das so sagen darf, du bist wahrscheinlich einer der Besten, die ich kennen gelernt habe!

Jack: Was zum Teufel willst du damit sagen?

Algernon: Du hast einen sehr nützlichen jüngeren Bruder erfunden, der Ernest heißt. Der Grund, warum du ihn erfunden hast, ist, dass du durch ihn in die Stadt kommen kannst und machen kannst, was du willst, wann du willst und so oft du willst. Ich habe auch eine Person erfunden, um mein Leben ein bisschen mehr genießen zu können! Sie heißt Bunbury und hat große körperliche Probleme. Sie ist unglaublich wertvoll für mich! Wenn ich Lust habe, aufs Land zu fahren, benutze ich Bunbury. Bunbury hat große gesundheitliche Probleme und ist sehr krank. Ohne Bunbury könnte ich zum Beispiel heute Abend nicht mit dir im Willis zu Abend essen, weil ich eigentlich den Abend mit Tante Augusta verbringen müsste. Ich habe ihr das schon vor mehr als einer Woche versprochen.

Jack: Ich habe dich nicht gefragt, ob du mit mir heute Abend zu Abend essen willst.

Algernon: Ich weiß schon. Immer vergisst du, mir eine Einladung zu schicken. Das musst du wirklich verbessern. Die Leute mögen es nicht, wenn man ihnen keine Einladungen schickt.

Jack: Ich würde sagen, dass du besser mit Tante Augusta zu Abend isst.

Algernon: Ich habe absolut keine Lust mit ihr zu Abend zu essen. Erstens habe ich mit ihr am Montag zu Abend gegessen und ein Mal pro Woche ist mehr als genug für die Familie. Zweitens werde ich bei diesem Abendessen immer wie ein Familienmitglied behandelt, das heißt, entweder bekomme ich keine Frau, oder zwei. Drittens weiß ich genau, dass ich neben Mary Farquar sitzen werde. Diese Frau weiß nicht, wie sie sich beim Abendessen benehmen muss. Sie flirtet den ganzen Abend mit ihrem Mann, der auf der anderen Seite des Tisches sitzt! Kannst du dir vorstellen, wie unangenehm das für mich ist? Das macht man einfach nicht! Und ich sehe das immer öfter in London! Plötzlich fangen verheiratete Paare an, in der Öffentlichkeit miteinander zu flirten! Das ist ein Skandal! Ich kann das nicht sehen. Außerdem will ich natürlich jetzt mit dir sprechen, da ich nun weiß, dass du ein Bunburist bist! Ich muss dir erzählen, welche Regeln wichtig sind!

  Jack: Hör auf damit! Ich bin absolut kein Bunburist! Wenn Gwendolen akzeptiert, mich zu heiraten, werde ich meinen Bruder töten. Ja, das werde ich wirklich machen! Ich werde meinen Bruder töten! Cecily interessiert sich zu sehr für meinen

Bruder. Ich habe schon keine Lust mehr, ihre Fragen zu beantworten. Ernest muss und wird verschwinden! Und wenn du meine Meinung wissen willst, ich empfehle dir auch deinen Mr. … deinen kranken und schwachen Freund mit dem absurden Namen verschwinden zu lassen.

Algernon: Bunbury verschwinden lassen? Ganz sicher nicht! Wenn du jemals heiratest, wirst du froh sein, wenn du einen Mann wie Mr. Bunbury kennst, der dir hilft das Haus zu verlassen. Ein Mann, der heiratet und Bunbury nicht kennt, hat ein sehr langweiliges Leben vor sich. Aber ich denke nicht, dass deine Heirat so bald ein Thema sein wird.

Jack: Was für ein Unsinn. Wenn ich eine wundervolle Frau wie Gwendolen heirate, und sie ist die einzige Frau, die ich in meinem Leben kennen gelernt habe, die ich heiraten würde, werde ich sicher keinen Bunbury kennen wollen.

Algernon: Nun, dann wird deine Frau sich einen Bunbury suchen. Denke an meine Worte: Bei einem Ehepaar ist die richtige Zahl der Personen drei, nicht zwei.

Jack: [Streng] Mein lieber Freund, das ist eine Theorie, die das korrupte französische Drama in den letzten fünfzig Jahren propagiert hat.

Algernon: Ja, und das glückliche englische Haus hat sie in nur fünfundzwanzig Jahren bewiesen!

Jack: Um Himmels Willen, schweig! Was für ein Zynismus! Es ist so einfach zynisch zu sein.

Algernon: Mein lieber Freund, nichts ist einfach in der heutigen Zeit. Es gibt zu viel hässlichen Wettbewerb zwischen den Leuten. [Es klingelt an der Tür] Ah! Das muss Tante Augusta sein. Nur Verwandte und Leute, die Geld wollen, klingeln auf so eine penetrante Weise. Hier ist mein Vorschlag: Ich beschäftige Tante Augusta für zehn Minuten und mache dir den Weg frei und du fragst Gwendolen schnell, ob sie dich heiraten will. Und danach würde ich gern mit dir im Willis zu Abend essen.

Jack: Wenn es sein muss. Einverstanden.

Algernon: Aber du musst dein Versprechen halten. Ich hasse Leute, die ihr Versprechen nicht halten, wenn es ums Essen geht! Ich finde das wirklich schwach von ihnen.

[Lane kommt herein]

Lane: Lady Bracknell und Miss Fairfax.

[Algernon macht einen Schritt nach vorne, um sie zu begrüßen. Lady Bracknell und Gwendolen kommen herein]

Lady Bracknell: Guten Tag, lieber Algernon. Ich hoffe, dass du dich gut benimmst.

Algernon: Es geht mir sehr gut, Tante Augusta.

Lady Bracknell: Das ist eigentlich nicht das Gleiche. Um genau zu sein, sind es zwei ziemlich verschiedene Dinge. [Sie sieht Jack und macht eine kurze Kopfbewegung in seine Richtung]

Algernon: Gwendolen, wie hübsch du heute aussiehst!

Gwendolen: Ich sehe immer hübsch aus! Nicht wahr, Mr. Worthing?

Jack: Sie sind ziemlich perfekt, Miss Fairfax.

Gwendolen: Oh! Das hoffe ich nicht. Ich hätte keine Möglichkeiten, um mich weiter zu entwickeln und mein Plan ist, mich in viele verschiedene Richtungen zu entwickeln. [Gwendolen und Jack setzen sich zusammen in eine Ecke des Zimmers]

Lady Bracknell: Es tut mir leid, dass wir ein bisschen zu spät gekommen sind, Algernon. Ich musste noch einen wichtigen Anruf machen. Ich hatte nicht ein Mal mit Lady Harbury gesprochen, seit ihr armer Mann gestorben ist. Ich habe noch nie eine Frau gesehen, die sich in kurzer Zeit so verändert hat. Sie sieht fast zwanzig Jahre jünger aus. Und jetzt würde ich gerne eine Tasse Tee trinken und ein paar von diesen leckeren Gurkenbroten essen, die du mir versprochen hast.

Algernon: Natürlich, Tante Augusta. [Er geht zum Tisch]

Lady Bracknell: Möchtest du dich nicht neben mich setzen, Gwendolen?

Gwendolen: Danke, Mama, ich sitze hier sehr gut.

Algernon: [Nimmt das leere Tablett in die Hand und macht ein erschrockenes Gesicht] Um Himmels Willen! Lane! Warum gibt es keine Gurkenbrote? Ich habe Ihnen drei Mal gesagt, dass sie von großer Wichtigkeit für den Nachmittag sind!

Lane: [Mit traurigem Gesicht] Leider gab es auf dem Markt keine Gurken heute Morgen. Ich bin sogar zwei Mal zum Markt gegangen, Herr.

Algernon: Keine Gurken!

Lane: Nein, Herr. Ich habe wirklich alles versucht.

Algernon: Das ist alles, Lane, danke.

Lane: Danke, Herr. [Er geht aus dem Zimmer]

Algernon: Es tut mir so leid, Tante Augusta. Ich hätte dir so gerne deine Gurkenbrote machen lassen. Aber du hast es gehört, es gab keine Gurken auf dem Markt. Und Lane hat alles versucht.

Lady Bracknell: Es ist nicht so wichtig, Algernon. Ich habe ein paar Brote mit Lady Harbury gegessen. Sie scheint ein komplett neues Leben zu leben, voll mit Spaß und Vergnügen!

Algernon: Ich habe gehört, dass sie jetzt goldene Haare hat. Sie muss wirklich sehr traurig sein.

Lady Bracknell: Ja, sie hat jetzt eine andere Haarfarbe. Warum, das kann ich natürlich nicht sagen. Das wäre pure Spekulation. [Algernon serviert ihr Tee] Danke. Ich habe eine Überraschung für dich heute Abend, Algernon. Du wirst den Abend mit Mary Farquar verbringen. Sie ist so eine wundervolle Frau und hat eine so harmonische Ehe mit ihrem Mann. Es macht richtig Spaß, den zwei zuzusehen.

Algernon: Ich fürchte, liebe Tante Augusta, dass ich leider nicht das Vergnügen haben werde, mit dir zu Abend zu essen.

Lady Bracknell: Ich hoffe nicht, Algernon. Ich habe den Tisch so schön organisiert. Ohne dich gibt es am Tisch keine Symmetrie und dein Onkel muss in seinem Zimmer essen. Gott sei Dank kennt er das schon gut.

Algernon: Ich bin wirklich sehr traurig und enttäuscht, das kannst du mir glauben. Aber ich habe vor wenigen Minuten ein Telegramm bekommen, in welchem ich lesen musste, dass mein armer Freund Bunbury wieder einmal schrecklich krank ist. [Er blickt für einen kurzen Moment zu Jack] Ich denke, es ist wichtig, dass ich heute Abend bei ihm bin.

Lady Bracknell: Nun, ich muss sagen, dass es höchste Zeit ist, dass sich dieser Mr. Bunbury endlich entscheidet, ob er leben oder sterben will. Dieses Hin und Her in dieser Frage ist einfach absurd. Außerdem bin ich nicht mit dieser modernen Sympathie für Leute mit gesundheitlichen Problemen einverstanden. Ich habe den Eindruck, dass es die Leute motiviert, ungesund zu leben und nicht auf ihre Gesundheit zu achten. Gesundheit ist die höchste Pflicht im Leben. Ich sage das immer und immer wieder zu deinem armen Onkel, aber er scheint mich nicht hören zu wollen…Er lebt, als gäbe es kein Morgen. Tu mir den Gefallen und frag Mr. Bunbury, ob er am Samstag nicht eine Pause mit seinem Hin und Her machen kann. Ich brauche dich, um meine Musik zu organisieren. Es ist mein letzter Empfang und man braucht gute Musik, die das richtige Ambiente erzeugt und

Unterhaltung fördert. Besonders am Ende des Sommers ist das wichtig, da jeder schon alles gesagt hat, was er zu sagen hatte. Was in den meisten Fällen wahrscheinlich nicht so viel war.

Algernon: Ich werde mit Bunbury sprechen, Tante Augusta. Ich hoffe, dass er bei Bewusstsein ist, wenn ich zu ihm komme. Aber ich denke, ich kann dir versprechen, dass es ihm am Samstag gut gehen wird, mach dir keine Sorgen. Ich verstehe, dass die Musik eine große Schwierigkeit ist. Wenn man gute Musik spielt, hören die Leute nicht zu und wenn man schlechte Musik spielt, sprechen die Leute nicht. Aber ich werde mein Bestes tun, vertrau mir. Wenn du möchtest, können wir einen Moment über die Musikauswahl sprechen, die ich vorbereitet habe. Folge mir bitte in das Musikzimmer.

Lady Bracknell: Danke, Algernon. Das ist sehr aufmerksam von dir. [Sie steht auf und folgt Algernon]. Ich bin mir sicher, dass die Auswahl nach ein paar Änderungen absolut wundervoll sein wird. Zum Beispiel kann ich keine französischen Lieder erlauben. Die Leute denken immer, dass diese Lieder auf einem Empfang nichts verloren haben. Sie machen dann entweder geschockte Gesichter, was absolut keine Klasse hat, oder sie lachen, was natürlich noch viel schlimmer ist. Aber Deutsch klingt nach einer völlig respektablen Sprache und ich muss sagen, dass ich das auch glaube. Gwendolen, komm hierher, du wirst mich begleiten.

Gwendolen: Natürlich, Mama.

[Lady Bracknell und Algernon gehen in das Musikzimmer, Gwendolen bleibt sitzen]

Jack: Was für ein wundervoller Tag, Miss Fairfax.

Gwendolen: Bitte, Mr. Worthing, sprechen Sie nicht über das Wetter mit mir. Immer wenn Leute mit mir über das Wetter sprechen, habe ich den Eindruck, dass sie eigentlich etwas komplett anderes sagen wollen. Und das macht mich so fürchterlich nervös.

Jack: Ich möchte auch etwas anderes sagen.

Gwendolen: Dann würde ich Ihnen empfehlen, das zu tun. Mama hat die Gewohnheit, plötzlich zurück in ein Zimmer zu kommen und mich zu überraschen. Ein Benehmen, welches ich übrigens absolut inakzeptabel finde.

Jack: [Nervös] Miss Fairfax, seitdem ich Sie das erste Mal gesehen habe, habe ich in Ihnen mehr gesehen als nur irgendein Mädchen … Ich bewundere Sie mehr als jede andere Frau…

Gwendolen: Ja, das habe ich schon vor langer Zeit bemerkt. Und ich habe mir oft gewünscht, dass Sie ihre Bewunderung ein bisschen offener in der Öffentlichkeit zeigen. Für mich waren Sie immer schon unwiderstehlich faszinierend. Sogar als ich Sie noch nicht kannte, waren Sie mir schon nicht egal. [Jack sieht sie überrascht an] Wir leben in einer Zeit der Ideale, wie Sie hoffentlich wissen. Das können Sie in jeder teuren Monatszeitschrift lesen, jeden Monat gibt es einen neuen Artikel.

Und ich bin sicher, dass dieses Wissen mittlerweile auch auf dem Land angekommen ist. Und mein Ideal war immer, mich eines Tages in einen Mann mit dem Namen Ernest zu verlieben. Der Name hat etwas, das mich inspiriert und mir Vertrauen gibt. Im Moment, in dem Algernon das erste Mal von Ihnen sprach, als er sagte, dass er einen Freund mit dem Namen Ernest hätte, wusste ich, dass es mein Schicksal war, Sie zu lieben.

Jack: Lieben Sie mich wirklich, Gwendolen?

Gwendolen: Von ganzem Herzen!

Jack: Liebste Gwendolen! Sie wissen nicht, wie glücklich Sie mich gerade gemacht haben.

Gwendolen: Mein eigener Ernest!

Jack: Aber Sie lieben mich natürlich nicht nur, weil ich Ernest heiße? Sie würden mich auch lieben, wenn ich einen anderen Namen hätte?

Gwendolen: Aber ihr Name ist Ernest.

Jack: Ja, das weiß ich. Aber nehmen wir an, dass ich einen anderen Namen hätte. Würden Sie mich dann nicht mehr lieben können?

Gwendolen: Nun, das scheint mir klar eine metaphysische Spekulation zu sein und wie die meisten metaphysischen Spekulation hat das wenig oder gar nichts mit dem wirklichen Leben zu tun, wie wir alle wissen.

Jack: Ich persönlich, Liebling, um ehrlich zu sein, mag den

Namen Ernest nicht so sehr. Ich glaube sogar, dass er der falsche Name für mich ist.

Gwendolen: Er ist ohne Zweifel der perfekte Name für Sie! Er ist ein wundervoller Name. Er hat seine ganz eigene Melodie. Ich kann die Melodie tief in meinem Herzen fühlen.

Jack: Nun, wirklich, Gwendolen, ich muss sagen, dass es so viele schönere Namen gibt. Ich mag Jack sehr gerne, zum Beispiel. Ich denke, es ist ein wunderschöner Name.

Gwendolen: Jack? … Nicht wirklich, lieber Mr. Worthing, ich kann absolut keine Melodie in diesem Namen finden. Und in meinem Herzen fühle ich auch nichts. Ich kannte mehrere Jacks und alle waren so langweilig und einfach! Jack! Der Name klingt wie der Name eines Kartenspielers, eines Schuhputzers oder vielleicht eines Marktverkäufers. Aber sicher ist es kein Name für einen Mann von Welt wie Sie es sind, Mr. Worthing. Der einzig richtige Name für Sie ist Ernest.

Jack: Gwendolen, ich muss mich sofort taufen lassen – Ich meine, wir müssen so schnell wie möglich heiraten. Wir dürfen keine Zeit verlieren.

Gwendolen: Heiraten, Mr. Worthing?

Jack: [Erstaunt] Nun… natürlich. Sie wissen, dass ich Sie liebe und Sie haben mich gerade wissen lassen, dass ich Ihnen auch nicht egal bin, Miss Fairfax.

Gwendolen: Ich liebe Sie über alles. Aber Sie haben mich noch nicht um meine Hand gebeten. Wir haben noch kein Wort über Heirat gesprochen. Das Thema ist komplett neu!

Jack: Nun... darf ich Sie um ihre Hand bitten?

Gwendolen: Ich denke, es wäre der perfekte Moment. Und machen Sie sich keine Sorgen wegen meiner Antwort, Mr. Worthing. Ich kann Ihnen jetzt schon sagen, dass ich natürlich auf jeden Fall akzeptieren werde.

Jack: Gwendolen!

Gwendolen: Ja, Mr. Worthing, ich höre. Was möchten Sie mir sagen?

Jack: Sie wissen, was ich Sie fragen möchte.

Gwendolen: Ja, aber Sie haben noch nicht gefragt.

Jack: Gwendolen, wollen Sie meine Frau werden? [Er kniet sich auf den Boden]

Gwendolen: Natürlich will ich, Liebling. Wie lange Sie gebraucht haben, um mich zu fragen! Es scheint, Sie haben das noch nicht so oft gemacht. Ihnen fehlt ein bisschen die Übung.

Jack: Nun, Sie sind die Erste und die Letzte. Ich habe nie eine Frau mehr geliebt als Sie.

Gwendolen: Ja, aber Männer sollten vorher ein paar Frauen um ihre Hand bitten, um zu üben. Mein Bruder Gerald macht das. Alle meine Freundinnen haben mir das erzählt. Welch wunderschöne, blaue Augen Sie haben, Ernest! Sie sind ziemlich, ziemlich blau. Ich hoffe, dass Sie mich immer so ansehen werden, wie in diesem Moment, besonders, wenn andere Personen im Raum sind.

[Lady Bracknell kommt wieder in das Zimmer zurück]

Lady Bracknell: Mr. Worthing! Stehen Sie auf, warum knien Sie vor meiner Tochter! Was soll dieser Unsinn!

Gwendolen: Mama! [Jack versucht aufzustehen. Sie drückt ihn nach unten] Ich muss dich bitten, den Raum zu verlassen. Hier ist nicht der richtige Ort für dich. Außerdem war Mr. Worthing noch nicht wirklich fertig.

Lady Bracknell: Fertig mit was, wenn ich fragen darf?

Gwendolen: Mr. Worthing und ich haben uns verlobt. [Sie stehen zusammen auf]

Lady Bracknell: Entschuldige bitte, aber du bist mit niemandem verlobt.Wenn du mit jemand verlobt bist, werden ich oder dein Vater, wenn seine Gesundheit ihm das erlaubt, dich informieren. Eine Verlobung sollte eine Überraschung für das junge Mädchen sein, angenehm oder unangenehm, wie die Situation auch sein mag. Aber auf keinen Fall wird sie selbst entscheiden, wen sie heiraten will… Und nun würde ich gerne mit Ihnen sprechen, Mr. Worthing und Ihnen ein paar Fragen stellen. Während ich versuche aus Mr. Worthing ein paar interessante Antworten heraus zu bekommen, wirst du unten im Wagen warten, Gwendolen.

Gwendolen: [Wütend] Mama!

Lady Bracknell: In den Wagen, Gwendolen! [Gwendolen geht zur Tür. Sie und Jack werfen sich hinter Lady Bracknells Rücken Küsse zu. Lady Bracknell dreht sich schließlich um] Gwendolen, in den Wagen!

Gwendolen: Ja, Mama. [Sie geht nach draußen und blickt noch einmal zurück zu Jack]

Lady Bracknell: [Setzt sich] Sie können sich setzen, Mr. Worthing.

[Sie sucht in ihrer Handtasche nach einem Block und einem Bleistift]

Jack: Danke, Lady Bracknell, ich stehe lieber.

Lady Bracknell: Ich muss Ihnen sagen, dass Sie nicht auf meiner Liste von Männern stehen, die mir geeignet für Gwendolen scheinen. Und das obwohl ich die gleiche Liste wie Lady Bolton habe. Um genau zu sein, arbeiten wir zusammen. Aber das ist soweit kein Problem. Ich bin bereit ihren Namen auf die Liste zu schreiben, wenn Sie die richtigen Antworten auf die Fragen einer liebenden Mutter haben. Rauchen Sie?

Jack: Nun, ich muss zugeben, dass ich rauche.

Lady Bracknell: Das freut mich zu hören. Ein bisschen Unwissenheit darf im Leben nicht fehlen. Ich bin kein großer Freund von diesen Leuten, die die ganze Zeit versuchen die Unwissenden in dieser Welt wissender zu machen. Unwissenheit ist so delikat wie eine exotische Frucht. Wenn du sie berührst, ist die Blüte zu Ende. Diese ganze Theorie von moderner Bildung ist radikal schlecht. Gott sei Dank hat die Bildung hier in England absolut keinen Effekt. Wenn es das täte, dann hätte die obere Klasse ein ernsthaftes Problem und es gäbe möglicherweise sogar Demonstrationen und andere Dummheiten in den Straßen. Wie viel verdienen Sie?

Jack: Zwischen sieben und achttausend im Jahr.

Lady Bracknell: [Macht eine Notiz in ihrem Buch] Mit Land oder mit Investitionen?

Jack: Mit Investitionen zum größten Teil.

Lady Bracknell: Das ist ausreichend. Land bringt nur unnötige Pflichten, auf jeden Fall während man lebt und sogar noch, nachdem man gestorben ist. Land ist schon lange Zeit weder Gewinn noch Vergnügen. Es gibt einem eine gesellschaftliche Position und macht es zur gleichen Zeit unmöglich, diese Position zu behalten. Das ist alles, was man über Land sagen kann.

Jack: Ich habe ein Landhaus mit ein bisschen Land, natürlich ist es Teil des Hauses, ungefähr fünfzehnhundert Hektar, glaube ich. Aber ich brauche es nicht wirklich, um genug Geld zu haben. Wenn ich ehrlich bin, soweit ich das einschätzen kann, sind illegale Jäger die einzigen Leute, die einen Gewinn mit diesem Land machen.

Lady Bracknell: Ein Landhaus! Wie viele Schlafzimmer? Nicht so wichtig, über dieses Thema können wir später immer noch sprechen. Ich hoffe, dass Sie auch ein Haus in der Stadt haben?

Ein Mädchen mit einer einfachen und verwöhnten Persönlichkeit wie Gwendolen kann nicht wirklich auf dem Land leben.

Jack: Nun, ich besitze ein Haus in Belgrave Square, aber es ist an Lady Bloxham vermietet. Ich kann es natürlich zurück bekommen, wann immer ich es brauche. Ich muss Sie nur sechs Monate vorher informieren.

Lady Bracknell: Lady Bloxham? Ich kenne sie nicht.

Jack: Sie verlässt nicht oft das Haus. Sie ist eine Dame, die schon ein ziemlich hohes Alter hat.

Lady Bracknell: In unserer heutigen Zeit ist das keine Garantie mehr für ein hohes Maß an Anständigkeit. Welche Nummer hat das Haus in Belgrave Square?

Jack: 149.

Lady Bracknell: [Schüttelt mit dem Kopf] Die Seite, die aus der Mode ist. Ich wusste es. Ich dachte mir schon, dass es hier ein Problem gibt. Allerdings kann man das ziemlich einfach ändern.

Jack: Sprechen Sie von der Mode oder von der Seite?

Lady Bracknell: Beides, wenn es nötig ist. Was für eine politische Richtung unterstützen Sie?

Jack: Nun, es tut mir leid, aber ich habe keine politische Richtung. Ich bin ein Liberaler.

Lady Bracknell: Oh, die zählen zu den Tories. Sie essen mit uns zu Abend. Oder kommen zumindest zu uns am Abend. Nun zu den nicht so wichtigen Themen. Leben ihre Eltern noch?

Jack: Ich habe beide Eltern verloren.

Lady Bracknell: Einen Elternteil zu verlieren, Mr. Worthing, kann man als Unglück betrachten. Beide Eltern zu verlieren sieht ein bisschen fahrlässig aus. Wer war ihr Vater? Er war offensichtlich ein Mann mit Geld. Hat er sein Geld selbst verdient oder kam er aus einer adeligen Familie?

Jack: Es tut mir leid, aber das weiß ich leider nicht. Das Thema ist, Lady Bracknell, ich habe gesagt, dass ich meine Eltern verloren habe. Ich sollte vielleicht besser sagen, dass meine Eltern mich scheinbar verloren haben…ich kenne meine Eltern nicht und habe sie nie gesehen. Ich wurde…nun, ich wurde gefunden.

Lady Bracknell: Gefunden!

Jack: Der späte Mr. Thomas Cardew, ein großartiger und großzügiger alter Mann, fand mich und gab mir den Namen Worthing, weil er in diesem Moment zufällig ein Erste-Klasse-Ticket für Worthing in der Tasche hatte. Worthing ist ein Ort in Sussex. Es ist ein Badeort am Meer.

Lady Bracknell: Wo hat der großzügige Mann, der ein Erste-Klasse-Ticket für einen Badeort am Meer hatte, Sie gefunden?

Jack: [Leise] In einer Handtasche.

Lady Bracknell: In einer Handtasche?

Jack: [Sehr ernst] Ja, Lady Bracknell. Ich lag in einer Handtasche – eine große Handtasche aus schwarzem Leder und mit Griffen dran – eine ziemlich normale Handtasche, um genau zu sein.

Lady Bracknell: An welchem Ort hat dieser Mr. James, oder Thomas, Cardew diese ziemlich gewöhnliche Handtasche gefunden?

Jack: In der Garderobe an der Victoria-Haltestelle. Man hat ihm, ohne es zu wollen, die falsche Tasche gegeben.

Lady Bracknell: Die Garderobe an der Victoria-Haltestelle?

Jack: Ja, die Linie Richtung Brighton.

Lady Bracknell: Die Linie spielt keine Rolle. Mr. Worthing, ich muss zugeben, dass ich nicht weiß, was ich zu der Geschichte sagen soll, die Sie mir gerade erzählt haben. In einer Handtasche geboren oder aufgewachsen zu sein – mit Griffen oder ohne – scheint mir nicht gesund und zeigt ein problematisches Verhältnis zu einem gewöhnlichen Familienleben. Es erinnert mich stark an die Situation der Familie während der französischen Revolution. Und ich nehme an, dass Sie wissen, zu welchen unglücklichen Entwicklungen diese Bewegung geführt hat? Und um über den besonderen Ort, an dem die Handtasche gefunden wurde, zu sprechen, eine Garderobe in einem Bahnhof ist vielleicht ein guter Ort, um eine soziale Indiskretion zu verstecken – und wurde wahrscheinlich genau dafür benutzt – aber es kann kaum die Basis für eine höhere Position in einer guten Gesellschaft sein.

Jack: Darf ich Sie dann fragen, was Sie mir empfehlen würden? Ich denke, es ist nicht nötig, dass ich Ihnen sage, dass ich alles in der Welt tun würde, um Gwendolen glücklich zu machen.

Lady Bracknell: Ich würde Ihnen sehr empfehlen, Mr. Worthing, dass Sie erstens versuchen ein paar gute Verwandte zu bekommen und zweitens, dass Sie mit aller Kraft versuchen, mindestens einen Elternteil bis zum Ende des Sommers zu finden, ob Mann oder Frau ist nicht wichtig.

Jack: Nun, ich kann nicht wirklich sehen, wie ich das schaffen soll. Ich kann Ihnen die Handtasche zeigen, wann immer Sie es wünschen. Sie ist in meinem Kleiderzimmer zu Hause. Ich denke wirklich, dass Ihnen das genügen sollte, Lady Bracknell.

Lady Bracknell: Mir, Mr. Worthing! Was hat das Thema mit mir zu tun? Sie können kaum glauben, dass ich und Lord Bracknell auch nur davon träumen würden, unserer einzigen Tochter – ein Mädchen, dass wir mit so viel Liebe und Geld groß gezogen haben – zu erlauben, dass sie ein Paket aus einer Garderobe heiratet? Noch einen schönen Tag, Mr. Worthing!

[Lady Bracknell verlässt das Zimmer, majestätisch in ihren Bewegungen, wütend im Gesicht]

Jack: Noch einen schönen Tag! [Algernon, im anderen Zimmer, spielt ein Hochzeitslied. Jack sieht schrecklich wütend aus und geht zur Tür] Zum Teufel, Algy, mach diese hässliche Musik aus. Was für ein Idiot kannst du manchmal sein!

[Die Musik hört auf und Algernon kommt in das Zimmer]

Algernon: Hat etwas nicht so gut funktioniert, wie du dir das gedacht hattest? Sag bloß nicht, dass Gwendolen nicht akzeptiert hat. Ich weiß, dass sie das gerne macht. Immer lehnt sie die Leute ab. Ich denke, es ist eine wirklich schlechte Seite an ihr.

Jack: Oh, mit Gwendolen ist alles in bester Ordnung. Wenn dich ihre Meinung interessiert, wir sind verlobt. Ihr Mutter ist das riesige Problem. Noch nie habe ich einen solchen Drachen gesehen... Ich weiß nicht wirklich, wie sich ein Drache benimmt, aber ich bin sicher, dass Lady Bracknell einer ist. Auf jeden Fall ist sie ein Monster, und das ohne ein Mythos zu sein. Ich wünschte sie wäre ein Mythos...Entschuldige, bitte, Algy, wahrscheinlich sollte ich nicht so über deine Tante vor dir sprechen.

Algernon: Mein lieber Junge, ich liebe es, wenn die Leute schlecht über meine Verwandtschaft sprechen. Es ist die einzige Möglichkeit meine Verwandten überhaupt zu ertragen. Verwandte sind ein Haufen langweiliger Leute, die nicht einmal die entfernteste Idee davon haben, wie du lebst oder wann du stirbst.

Jack: Oh, das ist doch Unsinn!

Algernon: Ist es nicht!

Jack: Egal, ich werde über dieses Thema nicht diskutieren. Du willst immer über Dinge diskutieren.

Algernon: Genau dafür wurden Dinge ursprünglich gemacht.

Jack: Um Himmels Willen, wenn ich das denken würde, würde ich mich erschießen... [Pause] Glaubst du, dass es auch nur eine kleine Chance gibt, dass Gwendolen in ungefähr hundertfünfzig

Jahren wie ihre Mutter wird, Algy?

Algernon: Alle Frauen werden irgendwann wie ihre Mütter. Das ist die Tragödie. Kein Mann wird es. Das ist seine Tragödie.

Jack: Soll das klug klingen?

Algernon: Es ist perfekt ausgedrückt! Und so wahr wie eine Beobachtung im zivilisierten Leben sein sollte.

Jack: Ich kann keine Klugheit mehr sehen. Jeder in der heutigen Zeit ist klug. Du kannst nirgends mehr hingehen, ohne dass du kluge Leute triffst. Diese Sache ist zu einem absoluten öffentlichen Ärgernis geworden. Du weißt nicht, wie sehr ich mir wünsche, dass noch ein paar Dummköpfe übrig wären.

Algernon: Es gibt sie noch.

Jack: Ich hätte riesige Lust, sie zu treffen. Über was sprechen sie?

Algernon: Die Dummköpfe? Oh, über kluge Leute natürlich.

Jack: Was für Dummköpfe!

Algernon: Übrigens, hast du Gwendolen die Wahrheit über dich als Ernest in der Stadt und Jack auf dem Land erzählt?

Jack: [überheblich, als wenn er mit einem kleinen Kind sprechen würde] Mein lieber Freund, die Wahrheit ist nicht wirklich etwas, was man einem netten, süßen, kultivierten Mädchen erzählt. Was für außergewöhnliche Ideen du hast darüber, wie man sich mit Frauen benimmt.

Algernon: Die einzige Art, wie man sich mit einer Frau

benehmen sollte ist, sie für eine Nacht zu lieben, wenn sie hübsch ist, und eine andere zu suchen, wenn sie hässlich ist.

Jack: Was für ein Unsinn!

Algernon: Wie sieht es mit deinem Bruder aus? Wie sieht es mit dem verdorbenen Ernest aus?

Jack: Oh, bis zum Ende der Woche wird es ihn nicht mehr geben. Ich werde sagen, dass er in Paris an einem Schlaganfall gestorben ist. Eine große Menge Leute stirbt an Schlaganfällen, von einem Tag auf den anderen, nicht wahr?

Algernon: Ja, aber das ist vererbbar, mein lieber Freund. Das ist so etwas, das dann jeder in der Familie hat. Sag lieber, dass er eine schwere Erkältung hatte.

Jack: Bist du sicher, dass eine schwere Erkältung nicht vererbbar oder etwas ähnliches ist?

Algernon: Natürlich ist es das nicht!

Jack: So sei es dann. Mein armer Bruder Ernest, plötzlich verstorben, in Paris, an einer schweren Erkältung. Dann ist das Problem aus der Welt.

Algernon: Aber ich dachte, du hast gesagt, dass... Miss Cardew ein bisschen zu sehr interessiert an der Geschichte über deinen armen Bruder Ernest wäre? Wird sie nicht sehr traurig über seinen Tod sein?

Jack: Oh, das ist schon in Ordnung. Cecily ist kein dummes, romantisches Mädchen, das kann ich glücklicherweise sagen. Sie hat einen riesigen Hunger, macht lange Spaziergänge und interessiert sich einen Teufel für ihren Unterricht.

Algernon: Ich würde Cecily ziemlich gerne sehen.

Jack: Ich werde aufpassen, dass das niemals passiert. Sie ist außergewöhnlich schön und sie ist gerade einmal achtzehn.

Algernon: Hast du Gwendolen schon erzählt, dass du die Verantwortung für ein außergewöhnlich schönes Mädchen hast, die gerade erst achtzehn ist?

Jack: Oh! Man erzählt solche Dinge nicht einfach allen Leuten. Cecily und Gwendolen werden ziemlich sicher die besten Freundinnen werden. Ich wette mit dir, was du willst, dass sich die beiden nach der ersten halben Stunde Schwester nennen werden.

Algernon: Frauen machen das erst, nachdem sie sich eine ganze Menge anderer Dinge genannt haben. Nun, mein lieber Freund, wenn wir einen guten Tisch im Willis haben wollen, sollten wir jetzt wirklich gehen und uns fertig machen. Hast du gesehen, dass es fast sieben Uhr ist?

Jack: Es ist immer fast sieben.

Algernon: Nun, ich habe Hunger.

Jack: Ich kann mich nicht daran erinnern, dass du einmal keinen Hunger gehabt hast.

Algernon: Was sollen wir nach dem Abendessen machen? Gehen wir ins Theater?

Jack: Oh, nein! Ich hasse es, zuzuhören.

Algernon: Nun, gehen wir in einen Club?

Jack: Oh, nein! Ich hasse es, zu reden.

Algernon: Nun, wir könnten gegen 10 ins Empire gehen?

Jack: Oh, nein! Ich hasse es, zuzuschauen.

Algernon: Nun, was sollen wir sonst machen?

Jack: Nichts!

Algernon: Es ist schrecklich viel Arbeit, nichts zu machen. Allerdings habe ich kein Problem mit schwerer Arbeit, solange es kein wirkliches Ziel gibt.

[Lane kommt herein]

Lane: Miss Fairfax.

[Gwendolen kommt herein, Lane verlässt den Raum]

Algernon: Gwendolen, welche Überraschung!

Jack: Algy, dreh dich bitte um. Ich muss Mr. Worthing etwas sehr Besonderes sagen.

Algernon: Wirklich, Gwendolen, ich denke nicht, dass ich das erlauben kann.

Gwendolen: Algy, du hast immer so eine strikt unmoralische Perspektive auf das Leben. Du bist nicht wirklich alt genug dafür.

[Algernon geht zum Kamin auf der anderen Seite des Zimmers]

Jack: Oh, mein Liebling!

Gwendolen: Ernest, wir werden niemals heiraten. Ich habe Mamas Gesicht gesehen und ich fürchte, dass wir niemals Mann und Frau sein werden. Wenige Eltern in der heutigen Zeit interessieren sich für das, was ihre Kinder zu ihnen sagen. Der Respekt von früher für die jungen Leute stirbt immer mehr aus. Wenn ich jemals einen Einfluss auf Mama gehabt habe, dann habe ich ihn mit drei Jahren verloren. Aber auch wenn sie verhindern kann, dass wir Mann und Frau werden – und ich früher oder später einen anderen Mann heirate, und danach vielleicht einige andere mehr – kann sie nicht verhindern, dass ich für immer und ewig an Sie denken werde.

Jack: Liebste Gwendolen.

Gwendolen: Die romantische Geschichte darüber, wie Sie gefunden wurden – so wie meine Mama mir sie erzählt hat, mit unangenehmen Kommentaren – hat meine Liebe für Sie nur noch stärker gemacht. Die Einfachheit ihrer Kindheit macht Sie nur noch interessanter, noch faszinierender und unbegreiflicher für mich. Ihre Stadtadresse in Albany habe ich. Wie lautet ihre Adresse auf dem Land?

Jack: Das Manor Haus, Woolton, Hertfordshire.

[Algernon, der genau zugehört hat, lächelt und schreibt sich die Adresse auf den Arm. Danach nimmt er den Zugfahrplan in die Hand]

Gwendolen: Es gibt einen guten Postservice, hoffe ich? Vielleicht ist es notwendig, dass ich etwas Verzweifeltes mache. Darüber muss ich natürlich zuerst nachdenken. Ich werde Ihnen jeden Tag schreiben.

Jack: Meine Liebste!

Gwendolen: Wie lange werden Sie in der Stadt bleiben?

Jack: Bis Montag.

Gwendolen: Gut! Algy, du kannst dich jetzt umdrehen.

Algernon: Danke, ich hatte mich schon vorher umgedreht.

Gwendolen: Du könntest außerdem auch nach Lane rufen.

Jack: Darf ich Sie nach draußen zum Wagen bringen, mein Liebling?

Gwendolen: Natürlich.

Jack: [Zu Lane, der gerade ins Zimmer kommt] Ich werde Miss Fairfax nach draußen bringen.

Lane: Natürlich, Herr. [Jack und Gwendolen gehen aus dem Zimmer]

[Lane gibt Algernon mehrere Briefe auf einem Tablett. Es sind Rechnungen und Algernon wirft sie, ohne sie zu öffnen, in den Müll]

Algernon: Ein Glas Sherry, Lane.

Lane: Ja, Herr.

Algernon: Morgen, Lane, mache ich einen Bunbury-Ausflug.

Lane: Ja, Herr.

Algernon: Wahrscheinlich werde ich nicht vor Montag zurück sein. Hängen Sie bitte meine gute Kleidung nach draußen, alle meine Bunbury-Anzüge…

Lane: Ja, Herr. [Er serviert ihm einen Sherry]

Algernon: Ich hoffe, Morgen wird ein guter Tag, Lane.

Lane: Das wird es nie.

Algernon: Lane, Sie sind der perfekte Pessimist.

Lane: Ich tue, was ich kann, damit Sie zufrieden sind, Herr.

[Jack kommt herein. Lane verlässt das Zimmer]

Jack: Was für ein sensibles und kluges Mädchen! Das einzige Mädchen, das mich jemals interessiert hat. [Algernon lacht wie ein Verrückter] Was findest du so fürchterlich lustig?

Algernon: Oh, ich bin ein bisschen unruhig wegen dem armen Bunbury, das ist alles.

Jack: Wenn du nicht aufpasst, wird dir dein Freund Bunbury eines Tages ernsthafte Schwierigkeiten bringen.

Algernon: Ich liebe Schwierigkeiten. Sie sind die einzigen Dinge, die niemals ernsthaft sind.

Jack: Oh, das ist doch Unsinn, Algy. Du erzählst nie etwas anderes als Unsinn.

Algernon: Niemand erzählt jemals etwas anderes.

[Jack sieht Algernon wütend an und verlässt den Raum]. Algernon zündet sich eine Zigarette an, liest die Adresse auf seinem Arm und lächelt]

Ende 1. Akt

2.Akt

Szene

Der Garten des Manor Haus. Eine Treppe mit grauen Stufen führt hoch zum Haus. Der Garten ist voll mit Rosen, typisch 19. Jahrhundert. Es ist Juli. Holzstühle und ein Tisch voll mit Büchern stehen unter einem großen Baum.

[Miss Prism sitzt am Tisch. Cecily gießt hinter ihr die Blumen]

Miss Prism: [ruft] Cecily, Cecily! Denkst du nicht, dass eine Beschäftigung wie das Gießen der Blumen eher eine Arbeit für Moulton ist? Besonders in einem Moment wie diesem, wenn intellektuelles Vergnügen auf dich wartet. Deine Deutsch-Grammatik ist auf dem Tisch. Öffne sie bitte auf Seite fünfzehn. Wir werden die Lektion von gestern wiederholen.

Cecily: [Kommt langsam zum Tisch] Aber ich mag Deutsch nicht. Es ist keine Sprache, die mir gut tut. Ich weiß ganz genau, dass ich nach meiner Deutschklasse immer fürchterlich aussehe.

Miss Prism: Kind, du weißt, wie wichtig es für deinen Onkel ist, dass du dich so gut wie möglich weiter entwickelst. Und er hat mir gestern extra noch einmal gesagt, dass ich mit dir Deutsch lernen soll, als er in die Stadt gefahren ist. Wenn ich so überlege, sagt er mir das immer, wenn er in die Stadt fährt.

Cecily: Mein lieber Onkel Jack ist immer so ernst! Manchmal ist er so ernst, dass ich denke, dass er nicht ganz gesund sein kann.

Miss Prism: [Setzt sich gerade hin] Dein Onkel erfreut sich bester Gesundheit und die Ernsthaftigkeit in seinem Verhalten ist bei einem so jungen Mann sehr bewundernswert. Ich kenne niemanden, der mehr Sinn für Pflicht und Verantwortung hat.

Cecily: Ich vermute, das ist der Grund, warum er immer ein bisschen gelangweilt aussieht, wenn wir drei zusammen sind.

Miss Prism: Cecily! Du überrascht mich sehr. Mr. Worthing hat viele Probleme und Schwierigkeiten in seinem Leben. Faules Vergnügen und Trivialitäten haben keinen Platz in seinen Gesprächen. Du darfst nicht seine konstante Beunruhigung wegen seinem unglücklichen jüngeren Bruder vergessen.

Cecily: Ich wünschte mir, dass Onkel Jack seinem unglücklichen jüngeren Bruder erlauben würde, von Zeit zu Zeit zu uns hier zu kommen. Wir könnten einen guten Einfluss auf ihn haben, Miss Prism. Ich bin mir sicher, dass Sie ein guter Einfluss wären, Miss Prism. Sie können Deutsch, und Geologie, und so viele andere Dinge, die Männer sehr beeinflussen. [Cecily beginnt in ihrem Tagebuch zu schreiben]

Miss Prism: [Schüttelt mit dem Kopf] Ich glaube, nicht einmal ich würde einen positiven Einfluss auf diesen jungen Mann haben, da er, wie sein eigener Bruder sagt, eine extrem schwache und instabile Person ist. Tatsächlich bin ich mir nicht einmal sicher, ob ich mir wünschen würde, ihn in die Gesellschaft zurück zu bringen. Ich bin kein Freund dieser modernen Idee, dass alle schlechten Leute in kürzester Zeit in gute Leute verwandelt werden müssen. Ein Mann muss die Verantwortung für sein Handeln übernehmen. Du musst dein Tagebuch weg legen, Cecily. Ich kann nicht wirklich sehen, warum du überhaupt ein Tagebuch haben solltest.

Cecily: Ich habe ein Tagebuch, um die schönsten Geheimnisse meines Lebens hinein zu schreiben. Wenn ich sie nicht hinein schreiben würde, würde ich sie wahrscheinlich vergessen.

Miss Prism: Das Gedächtnis, mein liebe Cecily, ist das Tagebuch, das wir alle bei uns tragen.

Cecily: Ja, aber meistens bleiben im Gedächtnis nur die Dinge, die niemals passiert sind und die möglicherweise niemals passieren könnten. Ich glaube, dass das Gedächtnis für alle dicken Romane, die Mudie uns schickt, die Verantwortung trägt.

Miss Prism: Sprich nicht schlecht von den dicken Romanen, Cecily. Ich habe in meinen jungen Tagen selbst Romane geschrieben.

Cecily: Das haben Sie wirklich, Miss Prism? Wie wunderbar klug Sie sind! Ich hoffe, der Roman hatte kein gutes Ende, ich mag Romane mit gutem Ende nicht. Sie machen mich so traurig.

Miss Prism: Die guten Leute hatten ein gutes Ende und die schlechten Leute ein Schlechtes. Das ist, was Fiktion bedeutet.

Cecily: Wahrscheinlich haben Sie recht. Aber es scheint mir sehr ungerecht. Und wurde ihr Roman jemals veröffentlicht?

Miss Prism: Um Gottes Willen! Nein. Das Manuskript wurde leider verlassen. [Cecily beginnt zu sprechen] Ich benutze das Wort im Sinne von verloren oder nicht mehr gefunden. An die Arbeit, Kind, diese Spekulationen haben keinen Nutzen.

Cecily: [Lächelnd] Aber ich sehe , dass Dr. Chasuble durch den Garten direkt in unsere Richtung läuft.

Miss Prism: [Steht auf, um ihn zu empfangen] Dr. Chasuble! Was für eine Freude!

[Pfarrer Chasuble kommt zu den zwei Frauen]

Chasuble: Und wie geht es Ihnen beiden heute Morgen? Miss Prism, ich hoffe, es geht Ihnen gut?

Cecily: Miss Prism hat mir gerade von ihren beginnenden Kopfschmerzen erzählt. Ich denke, es wäre sehr gut für sie, wenn Sie mit ihr einen Spaziergang durch den Park machen würde, Dr. Chasuble.

Miss Prism: Cecily, ich habe kein Wort über Kopfschmerzen gesagt.

Cecily: Nein, liebe Miss Prism, ich weiß schon, aber ich habe intuitiv gefühlt, dass Sie Kopfschmerzen haben. Tatsächlich habe ich darüber nachgedacht, als der Doktor herein kam und nicht über meine Deutschklasse.

Chasuble: Ich hoffe, Cecily, dass du nicht unaufmerksam bist.

Cecily: Oh, es tut mir leid, aber das bin ich.

Chasuble: Das ist eigenartig. Wenn ich so glücklich wäre, Miss Prisms Schüler zu sein, würde ich an ihren Lippen kleben. [Miss Prism lächelt] Das war natürlich eine Metapher – Ahem! Mr. Worthing ist nicht zufällig schon zurück aus der Stadt?

Miss Prism: Wir erwarten ihn nicht zurück vor Montag Nachmittag.

Chasuble: Ah ja, es gefällt ihm seine Sonntage in London zu verbringen. Er ist nicht einer von den Männern, deren einziger Gedanke das Vergnügen ist. Wie zum Beispiel sein Bruder, wenn man den Erzählungen glauben darf. Aber ich darf Laetitia und ihre Schülerin jetzt nicht weiter stören. Wir sehen uns ohne Zweifel heute Abend in der Kirche?

Miss Prism: Ich denke ja, lieber Doktor. Ich werde ein bisschen mit Ihnen spazieren gehen. Nachdem ich ein bisschen darüber nachgedacht habe, denke ich, dass ich tatsächlich Kopfschmerzen habe und ein Spaziergang wird mir gut tun.

Chasuble: Mit Vergnügen, Miss Prism, mit Vergnügen. Wir könnten bis zur Schule und zurück gehen.

Miss Prism: Das wäre wunderbar. Cecily, du wirst ein bisschen über politische Ökonomie lesen, während ich nicht da bin. Das Kapitel über den Fall der Rupie musst du nicht lesen. Es ist ein bisschen zu übertrieben geschrieben. Sogar diese trockenen Themen habe ihre dramatische Seite.

[Sie geht in den Garten mit Dr. Chasuble]

Cecily: [Nimmt die Bücher in die Hand und wirft sie zurück auf den Tisch] Diese fürchterliche politische Ökonomie! Diese fürchterliche Geographie! Dieses fürchterliche, fürchterliche Deutsch!

[Merriman kommt herein, er bringt ein Karte auf einem Tablett]

Merriman: Mr. Ernest Worthing ist gerade angekommen. Er hat sein Gepäck mitgebracht.

Cecily: [Nimmt die Karte und liest sie] 'Mr. Ernest Worthing, B.4, Albany, W.' Der Bruder von Onkel Jack! Haben Sie ihm gesagt, dass Mr. Worthing in der Stadt ist?

Merriman: Ja, natürlich. Er schien ziemlich enttäuscht zu sein. Ich habe ihm gesagt, dass Sie und Miss Prism im Garten sind. Er hat geantwortet, dass er dringend einen Moment mit Ihnen alleine sprechen muss.

Cecily: Bitten Sie Mr. Ernest Worthing hierher zu kommen. Wahrscheinlich ist es eine gute Idee, ein Zimmer für ihn fertig zu machen.

Merriman: Ja, wie Sie wünschen.

[Merriman geht]

Cecily: Ich habe noch nie eine wirklich verdorbene Person kennen gelernt. Ich fürchte mich fast ein bisschen. Ich habe so Angst, dass er einfach wie eine normale Person aussieht. [Algernon kommt herein. Er sieht sehr fröhlich und elegant aus] Ja, er sieht so aus.

Algernon: [Zieht seinen Hut zur Begrüßung] Du bist sicher meine kleine Cousine Cecily.

Cecily: Da bist du falsch informiert. Ich bin nicht klein. Tatsächlich bin ich um einiges größer als andere Mädchen in meinem Alter, würde ich sagen. [Algernon ist überrascht] Aber ja, ich bin deine Cousine Cecily. Und du, wie ich auf deiner Karte sehen kann, bist Onkel Jacks Bruder, mein Cousin Ernest, mein verdorbener Cousin Ernest.

Algernon: Oh! Ich bin nicht wirklich verdorben, Cousine Cecily. Du darfst nicht denken, dass ich verdorben oder ein schlechter Mensch bin.

Cecily: Wenn du das nicht bist, dann hast du uns aber wirklich die ganze Zeit ziemlich getäuscht. Ich hoffe, dass du kein Doppelleben geführt und allen Leuten den Eindruck gemacht hast, dass du verdorben bist und am Ende bist du eigentlich ein ehrliche und anständige Person. Das wäre Heuchelei!

Algernon: [Sieht sie mit Begeisterung an] Oh! Natürlich habe ich viele schlechte und unmoralische Dinge getan.

Cecily: Das freut mich, zu hören.

Algernon: Tatsächlich, da du gerade über das Thema sprichst, war ich ziemlich verdorben und unmoralisch in letzter Zeit.

Cecily: Ich denke nicht, dass du darauf so stolz sein solltest, obwohl ich sicher bin, dass du wahrscheinlich ziemlich viel Spaß und Vergnügen hattest.

Algernon: Es ist viel vergnüglicher, hier bei dir zu sein.

Cecily: Ich verstehe nicht, warum du hier bist. Onkel Jack wird nicht vor Montagnachmittag zurück kommen.

Algernon: Das ist ein große Enttäuschung. Ich muss den ersten Zug am Montagmorgen nehmen. Ich habe einen wichtigen Geschäftstermin, den ich nicht ... verpassen darf.

Cecily: Könntest du ihn nicht an einem anderen Ort als in London verpassen?

Algernon: Nein, der Termin ist in London.

Cecily: Nun, ich weiß natürlich, dass es sehr wichtig ist, seine Geschäftstermine zu verpassen, wenn man nicht das Gefühl für das Vergnügen und die Schönheit im Leben verlieren will, aber ich denke, dass du auf jeden Fall warten solltest, bis Onkel Jack ankommt. Ich weiß, dass er mit dir über deine Reise und dein neues Leben sprechen will.

Algernon: Über meine was und mein was?

Cecily: Deine Reise und dein neues Leben. Er hat dir sogar schon neue Kleidung gekauft.

Algernon: Ich würde Jack sicher nicht erlauben, mir Kleidung zu kaufen. Er hat so einen schlechten Geschmack, schau dir nur seine Krawatten an!

Cecily: Ich glaube nicht, dass du Krawatten brauchen wirst. Onkel Jack wird dich nach Australien schicken.

Algernon: Australien? Da sterbe ich vorher lieber.

Cecily: Nun, er hat beim Abendessen am Mittwochabend gesagt, dass du dich entscheiden musst: Entweder diese Welt, die nächste Welt, oder Australien.

Algernon: Nun, ich muss sagen, was ich über Australien und die nächste Welt gehört habe, ist nicht wirklich großartig. Diese Welt ist gut genug für mich, Cousine Cecily.

Cecily: Ja, aber bist du auch gut genug für diese Welt?

Algernon: Ich fürchte, dass ich das nicht bin. Darum musst du mir helfen, ein besserer Mensch zu werden. Du könntest das zu deiner Mission machen, wenn du kein Problem damit hast, Cousine Cecily.

Cecily: Ich fürchte, ich habe heute Nachmittag keine Zeit.

Algernon: Nun, wenn du kein Problem damit hast, würde ich mir heute Nachmittag selbst helfen.

Cecily: Das ist ein bisschen, wie bei Don Quixote. Aber ich denke, dass du es versuchen solltest.

Algernon: Das werde ich. Ich fühle mich schon besser.

Cecily: Du sieht aber ein bisschen schlechter aus.

Algernon: Das ist, weil ich Hunger habe.

Cecily: Wie gedankenlos von mir. Ich hätte daran denken sollen, dass wenn jemand ein komplett neues Leben beginnt, braucht er regelmäßig und vor allem gesundes Essen. Möchtest du nicht herein kommen?

Algernon: Danke. Könnte ich vielleicht eine Blume für meine

Jacke haben? Ich habe nie Appetit, bevor ich nicht eine Blume für meine Jacke habe.

Cecily: Ein Veilchen vielleicht? [Nimmt die Schere in die Hand]

Algernon: Nein, ich hätte lieber eine pinke Rose.

Cecily: Warum? [Schneidet die Blume]

Algernon: Weil du wie eine pinke Rose bist, Cousine Cecily.

Cecily: Ich denke nicht, dass es in Ordnung ist, wenn du so mit mir sprichst. Miss Prism sagt niemals solche Dinge zu mir.

Algernon: Dann hat Miss Prism wahrscheinlich ein bisschen Probleme mit den Augen. [Cecily macht die Rose an seiner Jacke fest] Du bist das schönste Mädchen, das ich jemals gesehen habe.

Cecily: Miss Prism sagt, dass gutes Aussehen nur Probleme und Schwierigkeiten macht.

Algernon: Schwierigkeiten, in die sich jeder vernünftige Mann bringen wollen würde.

Cecily: Oh, ich denke nicht, dass mich ein vernünftiger Mann interessierten würde. Ich würde nicht wissen, was ich mit ihm reden soll.

[Sie gehen in das Haus hinein. Miss Prism und Dr. Chasuble kommen zurück]

Miss Prism: Sie sind zu oft alleine, lieber Dr. Chasuble. Sie sollten heiraten. Einen Mann der Menschen hasst, kann ich verstehen – einen Mann, der Frauen hasst nicht!

Chasuble: Glauben Sie mir, ich habe einen solchen Satz nicht verdient. Sowohl die Regeln, als auch die Praxis der ursprünglichen Kirche sind klar gegen Heirat.

Miss Prism: Das ist offensichtlich der Grund, warum die ursprüngliche Kirche nicht bis zum heutigen Tag überlebt hat. Und Sie scheinen nicht zu realisieren, lieber Doktor, dass wenn jemand auf lange Zeit alleine bleibt, er das öffentliche Interesse weckt. Männer sollten vorsichtiger sein. Dieses ewige Alleinsein bringt schwächere Geister auf falsche Gedanken.

Chasuble: Aber ist ein Mann nicht genauso attraktiv, wenn er verheiratet ist?

Miss Prism: Ein verheirateter Mann ist für niemanden außer seiner Frau attraktiv.

Chasuble: Und oft, wie man mir erzählt hat, nicht einmal für sie.

Miss Prism: Das hängt vom intellektuellen Verständnis der Frau ab. Auf Reife kann man sich immer verlassen. Reife kann man vertrauen. Junge Frauen sind grün. [Dr. Chasuble versucht, etwas zu sagen] Ich sprach aus der Perspektive eines Gärtners. Meine Metapher war von Früchten inspiriert. Aber wo ist Cecily?

Chasuble: Vielleicht ist sie uns zur Schule gefolgt?

[Jack kommt langsam zu den beiden. Er trägt schwarze Kleidung, wie auf einer Beerdigung]

Miss Prism: Mr. Worthing!

Chasuble: Mr. Worthing?

Miss Prism: Das ist wirklich eine Überraschung. Wir hatten Sie nicht vor Montag Nachmittag erwartet.

Jack: [Macht ein trauriges Gesicht] Ich bin früher zurück gekommen, als ich dachte. Dr. Chasuble, ich hoffe, es geht Ihnen gut?

Chasuble: Lieber Mr. Worthing, ich hoffe, der Grund dafür, dass Sie so schwarz gekleidet sind, ist keine schreckliche Tragödie?

Jack: Mein Bruder.

Miss Prism: Mehr Schulden und mehr Luxus?

Chasuble: Hat er immer noch nur Spaß und Vergnügen im Kopf?

Jack: [Schüttelt mit dem Kopf] Tot!

Chasuble: Ihr Bruder Ernest ist tot?

Jack: Ziemlich tot.

Miss Prism: Was für eine Lektion für ihn! Ich bin sicher, er wird etwas lernen.

Chasuble: Mr. Worthing, ich fühle mit Ihnen. Mein herzlichstes Beileid. Seien Sie nicht zu traurig. Zumindest können Sie von sich sagen, dass Sie ein großzügiger und liebender Bruder waren.

Jack: Armer Ernest! Er hatte viele Fehler, aber es ist ein trauriger, trauriger Schlag.

Chasuble: Es ist wirklich sehr traurig. Waren Sie am Ende bei ihm?

Jack: Nein. Er starb während einer Reise. In Paris, um genau zu sein. Ich bekam letzte Nacht ein Telegramm vom Manager des Grand Hotel.

Chasuble: Hat Ihnen der Manager geschrieben, was der Grund für seinen Tod war?

Jack: Eine schwere Erkältung, scheint es.

Miss Prism: Was ein Mann sät, das erntet er.

Chasuble: Mitleid, liebe Miss Prism, Mitleid! Niemand von uns ist perfekt. Ich zum Beispiel habe ein großes Problem mit Zugluft. Wird die Beerdigung hier stattfinden?

Jack: Nein. Es scheint, dass er sich vor seinem Tod gewünscht hat, in Paris beerdigt zu werden.

Chasuble: In Paris! [Er schüttelt mit dem Kopf] Ich fürchte, dass spricht nicht für einen klaren Geist am Ende seiner Tage. Ohne Zweifel werden Sie wollen, dass ich nächsten Sonntag ein paar Worte über diese tragische Geschichte sage. [Jack beginnt fast zu lachen] Meine Predigt über das Manna in der Wildnis kann ich immer benutzen, egal, ob der Moment fröhlich oder, wie in diesem Fall, traurig ist. Ich habe es bei Erntefeiern, Taufen und Konfirmationen gepredigt, an Tagen großer Traurigkeit und an Tagen großer Fröhlichkeit. Das letzte Mal, als ich es gepredigt habe, war in der Kathedrale bei einer sehr traurigen Gelegenheit. Der Bischof war von meinen Analogien sehr begeistert.

Jack: Ah! Das erinnert mich daran, dass Sie auch etwas von Taufen gesagt haben, nicht wahr Dr. Chasuble? Ich nehme an, dass Sie wissen, wie man tauft, richtig? [Dr. Chasuble schaut überrascht] Ich will sagen, natürlich taufen Sie regelmäßig, nicht wahr?

Miss Prism: Es ist, das muss ich leider sagen, eine der häufigsten Pflichten des Doktors in dieser Gemeinde. Ich habe schon oft mit den ärmeren Klassen über dieses Thema gesprochen. Aber sie scheinen nicht zu wissen, was es heißt, sich unter Kontrolle zu haben.

Chasuble: Aber fragen Sie wegen einem bestimmten Kind, Mr. Worthing? Ihr Bruder war nicht verheiratet, soweit ich weiß?

Jack: Nein, war er nicht.

Miss Prism: [Bitter] Leute, die nur für Spaß und Vergnügen leben, sind das normalerweise nicht.

Jack: Aber ich frage nicht wegen irgendeinem Kind, lieber Doktor. Ich mag Kinder sehr gern. Nein! Der Punkt ist, ich würde gern selbst getauft werden, heute Nachmittag, wenn Sie nichts Besseres zu tun haben.

Chasuble: Aber Sie sind doch sicher schon getauft worden, Mr. Worthing?

Jack: Ich kann mich nicht daran erinnern.

Chasuble: Aber haben Sie ernste Zweifel daran, dass Sie getauft wurden?

Jack: Oh ja, und wie ich Zweifel habe. Natürlich weiß ich nicht, ob das Thema für Sie auf irgendeine Weise ein Problem ist. Vielleicht denken Sie, dass ich schon ein bisschen zu alt bin.

Chasuble: Natürlich nicht. Es ist völlig in Ordnung, eine erwachsene Person zu taufen. Um wie viel Uhr möchten Sie ihre Zeremonie?

Jack: Ich würde so gegen fünf Uhr vorbei kommen, wenn das für Sie in Ordnung ist.

Chasuble: Perfekt, perfekt! Tatsächlich habe ich zwei ähnliche Zeremonien um die gleiche Zeit. Es sind Zwillinge, die vor kurzem in einem Haus in der Nähe auf die Welt gekommen sind.

Jack: Oh! Ich glaube, dass es nicht wirklich lustig ist, mit anderen Babys getauft zu werden. Das wäre kindisch. Wäre halb 6 auch in Ordnung?

Chasuble: Bewundernswert! Bewundernswert! [Holt seine Uhr aus der Tasche] Und nun, lieber Mr. Worthing, werde ich nicht weiter ihre Trauer stören. Ich möchte Sie nur noch bitten, dass Sie nicht zu traurig über den Tod ihres Bruders sind. Manchmal ist, was am Anfang wie eine große Tragödie aussieht, am Ende das Beste was passieren konnte.

Miss Prism: Es scheint mir ziemlich offensichtlich, dass es das Beste war, was passieren konnte.

[Cecily kommt ins Haus herein]

Cecily: Onkel Jack! Oh, wie ich mich freue, dass du schon zurück bist! Aber warum hast du so hässliche Kleidung an? Schnell, geh und zieh dir etwas Schöneres an!

Miss Prism: Cecily!

Chasuble: Mein Kind! Mein Kind! [Cecily geht zu Onkel Jack;

Er küsst ihre Stirn in einer traurigen Weise]

Cecily: Was ist passiert, Onkel Jack? Schau fröhlich! Du siehst aus, als ob du Zahnschmerzen hättest und ich habe eine Überraschung für dich. Wer, glaubst du, ist im Esszimmer?

Jack: Wer?

Cecily: Dein Bruder Ernest! Er ist vor einer halben Stunde angekommen.

Jack: Was für ein Unsinn! Ich habe keinen Bruder.

Cecily: Oh, sag das nicht. Egal, wie schlecht er sich in der Vergangenheit benommen hat, er ist immer noch dein Bruder. Du kannst nicht so herzlos sein und ihn nicht mehr sehen wollen. Ich werde ihm sagen, dass er hierher kommt. Und du wirst ihm die Hand geben, nicht wahr, Onkel Jack? [Rennt zurück ins Haus]

Chasuble: Das sind ja hervorragende Nachrichten.

Miss Prism: Nachdem wir alle die traurige Nachricht schon akzeptiert hatten, finde ich diese Nachricht eher traurig.

Jack: Mein Bruder ist im Esszimmer? Ich weiß nicht, was das bedeuten soll. Ich denke, dass es ist einfach nur absurd ist.

[Algernon und Cecily kommen Hand in Hand in das Zimmer. Sie gehen langsam zu Jack]

Jack: Um Himmels Willen!

Algernon: Bruder John, ich bin aus der Stadt hierher gekommen, um dir zu sagen, dass es mir sehr leid tut, dass ich dir so viel Probleme und Schwierigkeiten gemacht habe. Ich möchte in

Zukunft ein besserer Mensch werden. [Jack sieht ihn an und gibt ihm nicht die Hand]

Cecily: Onkel Jack, du wirst doch nicht deines eigenen Bruders Hand ablehnen?

Jack: Nichts und niemand auf dieser Welt wird mich dazu bringen, diese Hand zu schütteln. Ich denke, dass es eine unglaubliche Schande ist, dass er hierher gekommen ist. Und er weiß ganz genau, warum.

Cecily: Onkel Jack, sei freundlich. In jedem Menschen gibt es etwas Gutes. Ernest hat mir gerade über seinen armen, kranken Freund Bunbury erzählt, den er so oft besuchen geht. Und es gibt sicher viel Gutes in einem Mann, der so gut zu einer kranken Person ist und die Vergnügen in London zurück lässt, um an seinem Bett zu sitzen und seine Hand zu halten.

Jack: Oh! Er hat also über Bunbury gesprochen?

Cecily: Ja, er hat mir alles über den armen Mr. Bunbury und seinen fürchterlichen Gesundheitszustand erzählt.

Jack: Bunbury! Nun, ich werde ihn weder über Bunbury, noch über irgendetwas anderes mit dir sprechen lassen. Es ist genug, um einen komplett wütend zu machen.

Algernon: Ich muss natürlich zugeben, dass alle Fehler von mir gemacht wurden. Aber ich muss sagen, dass die Kälte von Bruder John wirklich sehr weh tut. Ich habe einen Empfang mit mehr Begeisterung erwartet, besonders, da es mein erster Besuch in diesem Haus ist.

Cecily: Onkel Jack, wenn du Ernest nicht die Hand gibst, werde ich dir das niemals verzeihen.

Jack: Niemals verzeihen?

Cecily: Niemals, niemals, niemals!

Jack: Nun, das ist das letzte Mal, dass ich das jemals tun werde. [Er gibt Algernon wütend die Hand]

Chasuble: Es ist schön zu sehen, wie sich zwei Brüder endlich wieder die Hand geben, nicht wahr? Ich denke, wir sollten die zwei Brüder jetzt alleine lassen.

Miss Prism: Cecily, du kommst mit uns.

Cecily: Natürlich, Miss Prism. Meine Arbeit hier ist getan.

Chasuble: Du hast hier heute eine wundervolle Arbeit getan, mein liebes Kind.

Cecily: Ich bin sehr glücklich. [Alle gehen, außer Jack und Algernon]

Jack: Du kleiner Betrüger, Algy, du musst diesen Ort so bald wie möglich verlassen. Ich erlaube dir nicht, dass du hier deine Bunbury-Spielchen spielst.

[Merriman kommt herein]

Merriman: Ich habe die Sachen von Mr. Ernest in das Zimmer neben Ihrem gebracht, Herr. Ich nehme an, dass das in Ordnung ist?

Jack: Wie bitte?

Merriman: Das Gepäck von Mr. Ernest, Herr. Ich habe alles ausgepackt und habe es in das Zimmer neben ihrem Schlafzimmer gebracht.

Jack: Sein Gepäck?

Merriman: Ja, Herr. Zwei Koffer und eine Tasche.

Algernon: Ich fürchte, ich kann dieses Mal nicht länger als eine Woche bleiben.

Jack: Merriman, lassen Sie den Wagen rufen. Mr. Ernest hat gerade einen Anruf bekommen und muss sofort zurück in die Stadt fahren.

Merriman: Ja, Herr. [Geht ins Haus zurück]

Algernon: Was für ein fürchterlicher Lügner du bist, Jack. Ich habe überhaupt keinen Anruf bekommen.

Jack: Doch, das hast du.

Algernon: Ich habe niemanden gehört, der mich gerufen hätte.

Jack: Deine Pflicht als anständiger Mann ruft dich zurück.

Algernon: Meine Pflicht als anständiger Mann war meinem Vergnügen noch niemals im Weg gestanden.

Jack: Daran habe ich keinen Zweifel.

Algernon: Nun, Cecily ist ein Schatz.

Jack: Du hast kein Recht, von Miss Cardew auf diese Weise zu sprechen. Es gefällt mir nicht.

Algernon: Nun, ich mag deine Kleidung nicht. Du siehst absolut lächerlich aus. Warum um Himmels Willen gehst du nicht nach oben und ziehst dich um? Es ist ziemlich kindisch, um einen Mann zu trauen, der in Wirklichkeit eine ganze Woche bei dir in deinem Haus als dein Gast bleiben wird. Ich nenne das grotesk.

Jack: Du wirst sicher nicht eine ganze Woche als mein Gast oder irgendetwas anderes in meinem Haus bleiben. Du musst das Haus verlassen... mit dem Zug um 5.

Algernon: Ich werde dich auf keinen Fall verlassen, solange du trauerst. Das wäre absolut unfreundlich. Wenn ich trauern würde, würdest du bei mir bleiben, nehme ich an. Ich fände es sehr unfreundlich, wenn du das nicht tätest.

Jack: Nun, wirst du gehen, wenn ich mich umziehe?

Algernon: Ja, wenn du nicht zu lange brauchst. Ich habe noch nie jemanden gesehen, der so lange dafür braucht und trotzdem ein so schlechtes Ergebnis hat.

Jack: Nun, auf jeden Fall ist das besser als immer Kleidung zu tragen, die absolut nicht zur Situation passt, so wie du es machst.

Algernon: Ich gebe zu, dass ich vielleicht manchmal für die Situation zu gut angezogen bin, aber wenn das passiert, gleiche ich das mit meinem hervorragenden Benehmen aus.

Jack: Deine Selbstverliebtheit ist lächerlich, dein Benehmen ist ein Skandal und dein Besuch in meinem Haus ist komplett absurd. Wie auch immer, du musst den Zug um 5 Uhr nehmen und ich hoffe, dass du eine angenehme Reise zurück in die Stadt hast. Deine Bunbury-Spielchen funktionieren hier in meinem

Haus nicht.

[Jack geht ins Haus]

Algernon: Ich denke meine Bunbury-Spielchen funktionieren sogar sehr gut. Ich bin in Cecily verliebt und das ist alles, was zählt. [Cecily kommt zurück in den Garten und beginnt, die Blumen zu gießen] Aber ich muss sie noch einmal sehen, bevor ich gehe, und ich muss den nächsten Bunbury-Ausflug vorbereiten. Ah, da ist sie ja.

Cecily: Oh, ich bin nur zurück gekommen, um die Rosen zu gießen. Ich dachte, dass du bei Onkel Jack wärest.

Algernon: Er ist ins Haus gegangen, um den Wagen rufen zu lassen.

Cecily: Oh, will er mit dir einen schönen Ausflug machen?

Algernon: Er will mich hier nicht haben und schickt mich weg.

Cecily: Dann müssen wir uns verabschieden?

Algernon: Ich fürchte, ja. Es ist ein sehr schmerzhafter Abschied.

Cecily: Es ist immer schmerzhaft, wenn man sich von einer Person verabschieden muss, die man nur eine kurze Zeit gekannt hat. Wenn alte Freunde nicht da sind, kann man es mit Ruhe ertragen. Aber wenn es der Abschied von einer Person ist, die man gerade erst kennen gelernt hat, ist es fast unerträglich.

Algernon: Danke.

[Merriman kommt herein]

Merriman: Der Wagen ist an der Tür, Herr. [Algernon sieht

Cecily bittend in die Augen]

Cecily: Der Wagen kann warten, Merriman, sagen wir... 5 Minuten.

Algernon: Ich hoffe, Cecily, dass ich keinen Fehler mache, wenn ich direkt und offen sage, dass du für mich in jeder Weise wie die Perfektion in Person scheinst.

Cecily: Ich denke, deine Direktheit spricht für dich, Ernest. Wenn du es mir erlaubst, werde ich deine Sätze in mein Tagebuch schreiben. [Sie geht zum Tisch und beginnt, in ihrem Tagebuch zu schreiben]

Algernon: Schreibst du wirklich ein Tagebuch? Ich würde alles dafür geben, um einen Blick hinein zu werfen. Darf ich?

Cecily: Oh nein. [Sie legt ihre Hände auf das Buch] Es ist einfach nur ein Buch, in das ein sehr junges Mädchen seine Gedanken und Eindrücke hinein schreibt – die Öffentlichkeit wird es erst später lesen können. Wenn es eines Tages als Buch veröffentlicht wird, hoffe ich, dass du ein Exemplar kaufen wirst. Aber sprich weiter, Ernest, hör bitte nicht auf. Ich liebe es, Diktate zu schreiben. Ich bin also 'die Perfektion in Person'. Du kannst jetzt weiter sprechen. Du hast meine ganze Aufmerksamkeit.

Algernon: [Ein bisschen sprachlos] Ahem! Ahem!

Cecily: Oh, huste bitte nicht, Ernest. Wenn man etwas diktiert, muss man flüssig sprechen und nicht husten. Außerdem weiß ich nicht so wirklich, wie man ein Husten schreibt.

Algernon: [Spricht sehr schnell] Cecily, seit ich dich das erste Mal in deiner unvergleichbaren Schönheit gesehen habe, liebe ich dich wild, leidenschaftlich, kopflos und hoffnungslos.

Cecily: Ich denke nicht, dass du mir sagen solltest, dass du mich wild, leidenschaftlich, kopflos und hoffnungslos liebst. Hoffnungslos macht auch nicht so wirklich Sinn, meinst du nicht?

Algernon: Cecily!

[Merriman kommt herein]

Merriman: Der Wagen wartet, Herr.

Algernon: Sagen Sie ihm, dass er nächste Woche um die gleiche Zeit wieder kommen kann.

Merriman: [Sieht Cecily an, die ihm ein Zeichen gibt] Ja, Herr.

[Merriman geht wieder]

Cecily: Onkel Jack wäre ziemlich wütend, wenn er wüsste, dass du bist nächste Woche zur gleichen Zeit bleibst.

Algernon: Oh, Jack ist nicht wichtig. Niemand in der ganzen Welt ist wichtig, niemand außer dir. Ich liebe dich, Cecily. Du wirst mich heiraten, nicht wahr?

Cecily: Du dummer Junge! Natürlich. Wir sind seit 3 Monaten verlobt.

Algernon: Seit drei Monaten?

Cecily: Ja, seit drei Monaten, auf den Tag genau am Donnerstag.

Algernon: Aber wie genau haben wir uns verlobt?

Cecily: Nun, seitdem Onkel Jack zugegeben hat, dass er einen jüngeren Bruder hat, der verdorben und schlecht ist, warst du natürlich das wichtigste Thema in den Gesprächen zwischen mir und Miss Prism. Und ein Mann, über den viel gesprochen wird, ist natürlich auch immer sehr attraktiv. Man fühlt, dass da etwas Besonderes an ihm sein muss, verstehst du? Ich muss zugeben, es war naiv von mir, aber ich habe mich in dich verliebt, Ernest.

Algernon: Liebling! Und wann haben wir uns dann genau verlobt?

Cecily: Am 14. Februar. Ich konnte es nicht mehr ertragen, dass du nichts von meiner Existenz wusstest und beschloss schließlich, dass ich etwas tun musste. Nach langen Überlegungen habe ich dann hier unter diesem schönen, alten Baum unsere Verlobung gefeiert. Am nächsten Tag habe ich dann diesen kleinen Ring in deinem Namen gekauft und hier ist der kleine Armring, den ich dir versprochen habe, immer zu tragen.

Algernon: Habe ich dir das gegeben? Es ist ziemlich schön, nicht wahr?

Cecily: Ja, du hast einen großartigen Geschmack, Ernest. Deshalb kann ich auch nicht wirklich böse sein, weil du so ein schlechtes Leben führst. Und hier ist die Kiste, in der ich alle deine Briefe aufbewahre. [Sie öffnet die Kiste und zeigt ihm eine große Anzahl von Briefen]

Algernon: Meine Briefe! Aber, meine liebste Cecily, ich habe dir niemals Briefe geschrieben.

Cecily: Das brauchst du mir nicht zu sagen, Ernest. Ich kann mich gut daran erinnern, dass ich mir selbst Briefe von dir schreiben musste. Ich habe regelmäßig drei Mal pro Woche geschrieben, manchmal sogar öfter.

Algernon: Oh, darf ich meine Briefe lesen, Cecily?

Cecily: Oh, auf keinen Fall kannst du sie lesen. Sie würden dich viel zu arrogant machen. [Sie stellt die Kiste auf den Tisch] Die drei Briefe, die du mir geschrieben hast, als wir uns getrennt haben, sind so wunderschön, und haben so viele Schreibfehler, dass ich sie noch heute kaum lesen kann, ohne ein bisschen zu weinen.

Algernon: Wir haben uns getrennt?

Cecily: Natürlich. Am 22. März. Hier, du kannst es in meinem Tagebuch lesen. [Zeigt ihm das Tagebuch] 'Heute habe ich mich von Ernest getrennt. Ich denke, dass es besser ist. Das Wetter ist immer noch sehr schön.'

Algernon: Aber warum um Himmels Willen haben wir uns getrennt? Was habe ich falsch gemacht? Ich habe überhaupt nichts gemacht. Cecily, du weißt nicht, wie es mich verletzt zu hören, dass du dich von mir getrennt hast. Vor allem, wenn das Wetter so schön war.

Cecily: Es wäre keine richtige Verlobung gewesen, wenn wir uns nicht mindestens ein Mal getrennt hätten. Aber keine Sorge, bis zum Ende der Woche hatte ich dir schon wieder verziehen.

Algernon: [Nähert sich ihr und kniet sich auf den Boden] Was für ein perfekter Engel du bist, Cecily.

Cecily: Du wunderbarer, romantischer Mann. [Er küsst sie, sie streicht mit den Fingern durch seine Haare] Ich hoffe, deine Locken sind natürlich?

Algernon: Ja, mein Liebling, mit einem kleinen bisschen Hilfe von meinem Friseur.

Cecily: Das freut mich sehr.

Algernon: Du wirst dich niemals mehr von mir trennen, Cecily?

Cecily: Ich denke nicht, dass ich mich nochmal von dir trennen könnte, vor allem, da ich dich jetzt wirklich kennen gelernt habe. Außerdem ist da die Geschichte mit deinem Namen.

Algernon: Ja, natürlich. [Nervös]

Cecily: Du darfst jetzt nicht lachen, mein Liebling, aber ich hatte schon immer diesen romantischen Traum, mich in jemanden zu verlieben, der Ernest heißt. Dieser Name war für mich immer schon mehr als nur ein Name. Er gibt mir absolutes Vertrauen. Mir tut jede verheiratete Frau leid, dessen Ehemann nicht Ernest heißt.

Algernon: Aber, meine liebste Cecily, willst du damit sagen, dass du mich nicht lieben könntest, wenn ich einen anderen Namen hätte?

Cecily: Aber welchen Namen?

Algernon: Oh, egal welchen Namen – Algernon – zum

Beispiel...

Cecily: Aber mir gefällt der Name Algernon überhaupt nicht.

Algernon: Nun, meine Liebste, meine Schönste, mein Traum, ich kann wirklich nicht verstehen, warum dir der Name Algernon nicht gefällt. Es ist absolut kein schlechter Name. Es ist sogar eher ein Name der Reichen und Mächtigen. Ich glaube, die Hälfte der Männer, die vor Gericht stehen, weil sie kein Geld mehr haben, heißen Algernon. Aber im Ernst, Cecily ... wenn mein Name Algy wäre, könntest du mich dann nicht lieben?

Cecily: Ich könnte dich respektieren, Ernest. Ich könnte deinen Charakter bewundern, aber ich fürchte, dass ich dir nicht meine volle Aufmerksamkeit schenken könnte.

Algernon: Ahem! Cecily! [Nimmt seinen Hut] Der Doktor, Chasuble, ich nehme an, dass er weiß, wie die Riten und Zeremonien der Kirche funktionieren?

Cecily: Oh ja. Dr. Chasuble ist ein sehr gelehrter Mann. Er hat nicht ein einziges Buch geschrieben, du kannst dir also vorstellen, wie viel er weiß.

Algernon: Ich muss ihn sofort wegen einer sehr wichtigen Taufe sehen – ich meine, wegen einem sehr wichtigen Geschäft.

Cecily: Oh!

Algernon: Ich werde nicht länger als eine halbe Stunde brauchen.

Cecily: Wenn ich daran denke, dass wir seit dem 14. Februar verlobt sind und dass ich dich erst heute das erste Mal getroffen habe, scheint mir eine halbe Stunde eine ziemlich lange und schmerzhafte Zeit zu sein. Kannst du nicht in zwanzig Minuten schon zurück sein?

Algernon: Ich komme so schnell wie ich kann zurück zu dir.

[Er gibt ihr einen Kuss und rennt hinaus auf die Straße]

Cecily: Wie viel Energie dieser Mann hat! Ich liebe seine Haare. Ich muss schnell eine Notiz über meine Verlobung in mein Tagebuch machen.

[Merriman kommt herein]

Merriman: Eine Miss Fairfax ist an der Tür und möchte Mr. Worthing sehen. Eine sehr wichtige Geschichte, wie Miss Fairfax mir gesagt hat.

Cecily: Ist Mr. Worthing nicht in seiner Bibliothek?

Merriman: Mr. Worthing ist vor einiger Zeit zum Haus von Dr. Chasuble hinüber gegangen.

Cecily: Bitten Sie die Dame herein und bringen Sie sie hierher. Mr. Worthing wird sicher bald zurück sein. Und Sie können etwas Tee bringen.

Merriman: Ja, Miss. [Er geht wieder]

Cecily: Miss Fairfax! Ich nehme an, dass sie eine von diesen freundlichen, alten Damen ist, mit denen Onkel Jack in London zusammen arbeitet, um den Armen und Kranken zu helfen. Ich mag Frauen, die an dieser Art von Arbeit interessiert sind, nicht wirklich. Eine Dame sollte andere Aktivitäten haben.

[Merriman kommt herein]

Merriman: Miss Fairfax.

[Gwendolen kommt herein, Merriman geht]

Cecily: [Geht zu ihr, um sie zu begrüßen] Lassen Sie mich mich vorstellen. Mein Name ist Cecily Cardew.

Gwendolen: Cecily Cardew? [Sie geben sich die Hand] Was für ein schöner Name! Etwas sagt mir, dass wir sehr gute Freundinnen sein werden. Ich mag Sie jetzt schon mehr als ich Ihnen sagen kann. Mein erster Eindruck von Leuten ist immer richtig.

Cecily: Es ist wirklich sehr freundlich von Ihnen, dass Sie mich jetzt schon so gern mögen, obwohl wir uns nur so kurze Zeit kennen. Bitte, setzen Sie sich.

Gwendolen: [Immer noch stehend] Ich darf Cecily und 'du' zu Ihnen sagen, nicht wahr?

Cecily: Mit dem größten Vergnügen!

Gwendolen: Und du wirst immer Gwendolen zu mir sagen, nicht wahr?

Cecily: Wenn du das möchtest.

Gwendolen: Gut, dann hat das alles seine Ordnung jetzt, denkst du nicht?

Cecily: Ich hoffe es. [Eine Pause. Beide setzen sich]

Gwendolen: Ich denke, dass es nun eine gute Gelegenheit wäre, mich vorzustellen. Mein Vater ist Lord Bracknell. Du hast noch nie von meinem Vater gehört, nehme ich an.

Cecily: Ich denke nicht.

Gwendolen: Außerhalb der Familie kennt meinen Vater glücklicherweise fast niemand. Ich denke, so sollte es auch sein. Das Zuhause scheint für mich der richtige Ort für einen Mann zu sein. Und wenn ein Mann beginnt, seine häuslichen Pflichten zu vergessen, wird er unerträglich unmännlich mit der Zeit, nicht wahr? Und das mag ich nicht. Es macht Männer so unattraktiv. Cecily, meine Mutter, deren Idee von Erziehung außerordentlich strikt ist, hat mich zu ziemlich kurzsichtigen Person erzogen. Es ist Teil ihrer Methode. Hättest du ein Problem damit, wenn ich dich durch meine Brille ansehe?

Cecily: Oh! Überhaupt nicht, Gwendolen. Ich mag es sehr gern, wenn mich jemand ansieht.

Gwendolen: [Nachdem sie Cecily eine Weile durch ihre Brille angesehen hat] Du bist hier zu Besuch, nehme ich an?

Cecily: Oh nein! Ich wohne hier.

Gwendolen: [Streng] Wirklich? Deine Mutter oder eine andere weibliche Verwandte wohnt ohne Zweifel auch hier?

Cecily: Oh nein! Ich habe keine Mutter und, um genau zu sein, auch keine Verwandten.

Gwendolen: Tatsächlich?

Cecily: Mein lieber Onkel, mit der Hilfe von Miss Prism, hat die harte Aufgabe, auf mich aufzupassen.

Gwendolen: Dein Onkel? Ich dachte, du hast keine Verwandten?

Cecily: Er ist nicht mein richtiger Onkel, aber er ist für mich verantwortlich. Ich sage nur Onkel zu ihm. Mr. Worthing hat die Verantwortung für mich.

Gwendolen: Oh! Es ist eigenartig, dass er mir nie erzählt hat, dass er für ein junges Mädchen verantwortlich ist. Wie geheimnisvoll von ihm! Er wird von Stunde zu Stunde interessanter. Allerdings bin ich nicht sicher, ob ich diese Neuigkeit so großartig finde. [Sie steht auf und geht zu Cecily] Ich mag dich wirklich sehr, Cecily. Seit ich dich kennen gelernt habe, mochte ich dich! Aber ich muss sagen, dass ich mir wünschte, dass du vielleicht ein bisschen älter und nicht ganz so schön wärest, jetzt nachdem ich weiß, dass Mr. Worthing für dich verantwortlich ist. Um ehrlich zu sein, wenn ich offen sprechen darf…

Cecily: Bitte, bitte, sprich offen und direkt! Ich denke, dass wann immer man etwas Unangenehmes zu sagen hat, sollte man offen und direkt darüber sprechen.

Gwendolen: Nun, um absolut offen mit dir zu sprechen, Cecily, ich wünschte mir, dass du mindestens zweiundvierzig und mehr als hässlich wärest. Ernest hat einen starken und ehrlich Charakter. Er ist die Wahrheit und die Ehre in Person. Es ist absolut unmöglich, dass er etwas Unehrliches oder Unmoralisches machen würde. Aber sogar die nobelsten, ehrlichsten und ehrenvollsten Männer haben eine Schwäche für die Schönheit und die Attraktivität von Frauen. Moderne und alte Geschichte ist voll mit den traurigsten Beispielen davon. Wenn es nicht so wäre, wäre Geschichte wahrscheinlich zum Sterben langweilig.

Cecily: Entschuldige bitte, Gwendolen, hast du gerade Ernest gesagt?

Gwendolen: Ja.

Cecily: Oh, aber es ist nicht Mr. Ernest Worthing, der für mich verantwortlich ist. Es ist sein älterer Bruder.

Gwendolen: [Setzt sich wieder] Ernest hat mir nie erzählt, dass er einen Bruder hat.

Cecily: Leider muss ich sagen, dass sie für lange Zeit nicht die besten Freunde waren.

Gwendolen: Ah! Dann war das der Grund. Und wenn ich darüber nachdenke, habe ich noch nie irgendeinen Mann über seinen Bruder sprechen hören. Es scheint, dass das Thema den meisten Männern nicht gefällt. Cecily, jetzt habe ich eine Sorge weniger. Ich hatte schon Angst. Es wäre wirklich fürchterlich gewesen, wenn eine Wolke unsere neue Freundschaft verdunkelt hätte, nicht war? Du bist wirklich absolut und ohne Zweifel sicher, dass Mr. Ernest Worthing nicht der Mann ist, der für dich die Verantwortung hat?

Cecily: Absolut sicher. [Eine Pause] Tatsächlich werde ich für ihn verantwortlich sein.

Gwendolen: Wie bitte?

Cecily: [Ein bisschen schüchtern und zögerlich] Liebste Gwendolen, es gibt keinen Grund, warum ich ein Geheimnis für dich daraus machen sollte. Unsere kleine Landzeitung wird sicher diese Woche über das Thema schreiben. Mr. Ernest Worthing und ich haben uns verlobt und werden heiraten.

Gwendolen: [Steht auf] Meine liebe Cecily, ich denke, dass es hier einen kleinen Fehler gibt. Mr. Ernest Worthing ist mit mir verlobt. Die *Morning Post* wird über diese Neuigkeit spätestens am Samstag schreiben.

Cecily: [Steht auch auf] Ich fürchte, dass du da etwas falsch verstanden hast. Ernest hat mich vor genau zehn Minuten gefragt, ob ich ihn heiraten möchte. [Zeigt ihr das Tagebuch]

Gwendolen: [Sieht sich das Tagebuch genau an] Es ist auf jeden Fall sehr eigenartig, denn er hat mich gestern um halb 6 abends gefragt, ob ich seine Frau werden möchte. Wenn du die Geschichte nachprüfen möchtest, hier, bitte schön, mein Tagebuch. Ich reise niemals ohne mein Tagebuch. Schließlich braucht man etwas Intelligentes zum Lesen im Zug. Es tut mir so leid, liebe Cecily. Ich hoffe, dass du nicht zu sehr enttäuscht bist, aber ich denke, ich war zuerst mit ihm verlobt.

Cecily: Ich wäre wirklich unendlich traurig, wenn die ganze Geschichte eine große Enttäuschung für dich bedeuten würde, aber ich denke, dass es klar ist, dass Ernest seine Meinung seit gestern geändert hat.

Gwendolen: [Nachdenklich] Sicher hat der arme Junge seine Meinung nicht freiwillig geändert. Wahrscheinlich hatte er keine andere Wahl und jemand hat ihn gezwungen, falsche Versprechen zu geben. Es ist meine Pflicht, ihm zu helfen und ihn aus dieser Geschichte heraus zu holen.

Cecily: [Traurig und nachdenklich] Egal in welchen Schwierigkeiten mein Liebster gelandet ist, ich werde sicher nicht böse sein und wenn wir verheiratet sind, nicht darüber sprechen.

Gwendolen: Wenn Sie von Schwierigkeiten sprechen, Miss Cardew, meinen Sie etwa mich? Was erlauben Sie sich. In einer Situation wie dieser ist es nicht nur moralisch richtig, offen zu sprechen. Nein, es ist ein Vergnügen.

Cecily: Wollen Sie etwa sagen, dass ich Ernest gezwungen hätte, sich mit mir zu verloben? Wie können Sie es wagen? Lassen Sie ruhig die Maske fallen, Sie müssen nicht so tun, als ob Sie irgendwelche Manieren hätten.

Gwendolen: Ich habe zumindest Manieren, auch wenn diese für Sie wie eine Maske erscheinen. Aber für eine Person in ihrer gesellschaftlichen Position sieht das wahrscheinlich wie eine Maske aus.

[Merriman kommt herein, hinter ihm ein Diener. Sie bringen ein Tablett, eine Tischdecke, Geschirr und Besteck. Wegen den

Dienern erinnern sich die Mädchen wieder an ihre Manieren und schweigen]

Merriman: Soll ich den Tee wie immer hier servieren, Miss?

Cecily: [Mit ruhiger Stimme] Ja, wie immer. [Merriman beginnt den Tisch frei zu machen und zu decken. Die Mädchen schweigen und sehen sich an]

Gwendolen: Kann man hier in der Nachbarschaft schön spazieren gehen, Miss Cardew?

Cecily: Oh! Ja! Sehr schön sogar! Wenn Sie auf einen der Hügel steigen, haben Sie einen wunderbaren Blick und können jede Menge verschiedener Häuser sehen.

Gwendolen: Jede Menge verschiedener Häuser! Ich glaube nicht, dass ich das mag. Ich hasse es, viele Häuser zu sehen.

Cecily: [Sarkastisch] Ich nehme an, das ist der Grund, warum Sie in der Stadt wohnen. [Gwendolen beißt sich auf die Lippen und schlägt nervös mit dem Fuß gegen ihren Sonnenschirm]

Gwendolen: [Sieht um sich herum] Ein wirklich schöner und gepflegter Garten ist das hier, Miss Cardew.

Cecily: Es freut mich, dass er Ihnen gefällt, Miss Fairfax.

Gwendolen: Ich hätte nicht gedacht, dass es auf dem Land überhaupt Blumen gibt.

Cecily: Oh, Blumen gibt es eigentlich ziemlich viele, Miss Fairfax, so wie es in London Leute gibt.

Gwendolen: Persönlich habe ich Probleme damit, zu verstehen, wie man es schafft auf dem Land zu überleben, wenn man eine normale Person ist. Ich langweile mich auf dem Land immer zu Tode.

Cecily: Ah! Das ist also, was sie in den Zeitungen mit 'Landdepression' meinen. Ich glaube, dass die Aristokratie im Moment ziemlich darunter leidet. Es ist fast wie eine Epidemie unter ihnen, hat man mir erzählt. Darf ich Ihnen ein bisschen Tee servieren, Miss Fairfax?

Gwendolen: [Mit übertriebener Höflichkeit] Danke. [Zu sich selbst] Schreckliches Mädchen! Aber ich brauche ein bisschen Tee.

Cecily: Zucker?

Gwendolen: [Arrogant] Nein danke. Zucker ist nicht mehr in Mode. [Cecily schaut sie wütend an und wirft ihr vier Stück Zucker in den Tee]

Cecily: Kuchen oder Brot mit Butter.

Gwendolen: [Gelangweilt] Brot mit Butter, bitte. In den guten Häusern sieht man Kuchen heute nicht mehr wirklich.

Cecily: [Schneidet ein sehr großes Stück Kuchen und legt es auf einen Teller] Servieren Sie das für Miss Fairfax.

[Merriman serviert den Tee und den Kuchen und er und der Diener gehen. Gwendolen trinkt den Tee und man sieht in ihrem Gesicht, dass ihr der Tee nicht schmeckt. Sie stellt die Tasse wieder auf den Tisch und will ein Stück Brot mit Butter essen, findet aber nur den Kuchen. Wütend steht sie auf]

Gwendolen: Sie haben meinen Tee mit Zucker voll gemacht und ich bin mir sicher, dass ich klar nach Brot und Butter gefragt habe und Sie geben mir Kuchen. Ich bin bekannt für meine Freundlichkeit und meine außergewöhnliche Höflichkeit, aber ich warne Sie, Miss Cardew, übertreiben Sie es nicht.

Cecily: [Steht auf] Um meinen armen, unschuldigen, vertrauensvollen Jungen vor dem falschen Spiel egal welcher Frau zu retten, gibt es nichts, was ich nicht tun würde.

Gwendolen: Von dem Moment, an dem ich Sie gesehen habe, habe ich Ihnen nicht vertraut. Ich habe gefühlt, dass Sie falsch und unehrlich sind. Und ich täusche mich nie in diesen Sachen. Mein erster Eindruck von den Leuten ist immer und ohne Zweifel richtig.

Cecily: Es scheint, Miss Fairfax, dass ich ihre wertvolle Zeit lange genug verschwendet habe. Ich habe keine Zweifel, dass Sie sicher viele andere wichtige Termine in der Nachbarschaft haben.

[Jack kommt herein]

Gwendolen: [Sieht ihn] Ernest! Mein lieber Ernest!

Jack: Gwendolen! Liebling! [Versucht sie zu küssen]

Gwendolen: [Macht einen Schritt nach hinten] Einen Moment! Könnte ich dir eine Frage stellen? Bist du mit dieser jungen Dame hier verlobt? [Zeigt auf Cecily]

Jack: [Lachend] Verlobt mit meiner lieben, kleinen Cecily?

Natürlich nicht! Wie kommt so eine absurde Idee in deinen kleinen, hübschen Kopf?

Gwendolen: Danke. Du darfst jetzt! [Er gibt ihr einen Kuss]

Cecily: Ich wusste, dass es hier ein Missverständnis geben musste, Miss Fairfax. Dieser Herr hier, dessen Arm Sie im Moment um ihre Hüfte herum haben, ist mein Verantwortlicher, Mr. John Worthing.

Gwendolen: Wie bitte?

Cecily: Das ist Onkel Jack.

Gwendolen: [Macht einen Schritt zurück] Jack! Oh!

[Algernon kommt herein]

Cecily: Hier ist Ernest.

Algernon: [Geht direkt zu Cecily, ohne die Anderen anzusehen] Meine große Liebe! [Versucht sie zu küssen]

Cecily: [Macht einen Schritt nach hinten] Einen Moment, Ernest! Darf ich dich etwas fragen? Bist du mit dieser jungen Dame verlobt?

Algernon: [Blickt um sich herum] Mit welcher jungen Dame? Um Gottes Willen! Gwendolen!

Cecily: Ja! Um Himmels Willen, Gwendolen, ich meine Gwendolen.

Algernon: [Lachend] Natürlich nicht! Wie kommt so eine absurde Idee in deinen kleinen, hübschen Kopf?

Cecily: Danke. Du darfst jetzt! [Er gibt ihr einen Kuss]

Gwendolen: Ich war mir sicher, dass es in dieser Geschichte einen Fehler geben musste, Miss Cardew. Der Herr, der Sie gerade umarmt, ist mein Cousin, Mr. Algernon Moncrieff.

Cecily: [Entfernt sich von Algernon] Algernon Moncrieff! Oh! [Die zwei Mädchen entfernen sich von den zwei Männern und umarmen sich, wie zum Schutz vor den zwei Männern]

Cecily: Heißt du Algernon?

Algernon: Ich kann es nicht verneinen.

Cecily: Oh!

Gwendolen: Und dein Name ist wirklich John?

Jack: [Macht ein stolzes Gesicht] Ich könnte es verneinen, wenn ich wollte. Ich könnte alles und nichts verneinen, wenn ich wollte. Aber mein richtiger Name ist John. Ich heiße John schon seit vielen Jahren.

Cecily: [zu Gwendolen] Wir wurden getäuscht und belogen!

Gwendolen: Meine arme, getäuschte Cecily!

Cecily: Meine süße, belogene Gwendolen!

Gwendolen: [Langsam und sehr ernst] Du wirst Schwester zu mir sagen, nicht wahr? [Sie umarmen sich. Jack und Algernon gehen nervös hin und her]

Cecily: [Mit fast fröhlicher Stimme] Es gibt nur eine Frage, die ich meinem Verantwortlichen gern stellen würde.

Gwendolen: Eine wunderbare Idee! Mr. Worthing, es gibt nur eine Frage, die ich Ihnen gerne stellen würde. Wo ist ihr Bruder

Ernest? Wir sind beide mit ihrem Bruder Ernest verlobt, das heißt, dass es für uns ziemlich wichtig ist, zu wissen, wo ihr Bruder Ernest im Moment ist.

Jack: [Langsam und zögerlich] Gwendolen – Cecily – Dies ist ein schwieriger Moment für mich, dieser Moment, in dem ich die Wahrheit sagen muss. Es ist das erste Mal in meinem Leben, dass ich mich selbst in so einem schwierigen Moment wieder finde und ich habe sehr wenig Erfahrung mit dieser Art von Situationen. Wie auch immer, ich werde euch ganz direkt und offen sagen, dass ich keinen Bruder Ernest habe. Ich habe überhaupt keinen Bruder. Ich hatte mein ganzes Leben keinen Bruder und ich habe auch keine Pläne in der Zukunft einen Bruder zu haben.

Cecily: [Überrascht] Überhaupt keinen Bruder?

Jack: [Fröhlich] Überhaupt keinen!

Gwendolen: Hattest du niemals nie irgendeinen Bruder?

Jack: [Entspannt] Niemals nie.

Gwendolen: Ich fürchte, die Geschichte ist klar, Cecily, keine von uns beiden ist mit irgendjemand verlobt.

Cecily: Es ist keine sehr schöne Situation und sicher keine Situation, in der sich ein junges Mädchen plötzlich wieder finden will. Nicht wahr?

Gwendolen: Gehen wir ins Haus. Sie werden sicher nicht versuchen, uns ins Haus zu folgen.

Cecily: Nein, Männer sind so feige, denkst du nicht auch?

[Sie gehen ins Haus hinein, man kann die Wut in ihren Gesichtern sehen]

Jack: Diese fürchterliche Situation ist, was du Bunbury-Ausflug nennst, nehme ich an?

Algernon: Ja, und es ist ein wundervoller Bunbury-Ausflug. Der wundervollste Bunbury-Ausflug, den ich in meinem ganzen Leben gemacht habe.

Jack: Nun, du hast absolut kein Recht, hier einen Bunbury-Ausflug zu machen.

Algernon: Das ist absurd. Man kann Bunbury-Ausflüge machen, wohin man will. Jeder ernsthafte Bunburist weiß das.

Jack: Ernsthafte Bunburist! Um Himmels Willen!

Algernon: Nun, irgendetwas muss man ernsthaft machen, wenn man ein bisschen Vergnügen im Leben will. Ich mache Bunbury-Ausflüge ernsthaft. Was du ernsthaft machst, davon habe ich absolut keine Ahnung. Du machst alles ernsthaft, würde ich sagen. Du hast so eine unglaublich gewöhnliche Persönlichkeit.

Jack: Nun, zumindest gibt es einen positiven Aspekt in dieser fürchterlichen Geschichte. Dein Freund Bunbury ist so ziemlich am Ende. Du wirst sicher nicht mehr so viele Ausflüge durch das Land machen, wie du das vorher gemacht hast, lieber Algy. Das ist eine sehr gute Sache.

Algernon: Deinem Bruder geht es aber auch nicht so gut, nicht wahr, lieber Jack? Du wirst nicht mehr so einfach nach London kommen können, wie du es vorher gemacht hast. Und das ist auch keine schlechte Sache.

Jack: Und um über dein Benehmen gegenüber Miss Cardew zu sprechen, ich muss wirklich sagen, dass es absolut das Letzte ist, was man mit einem süßen, einfachen und unschuldigen Mädchen machen sollte. Und sprechen wir bloß nicht darüber, dass ich für sie verantwortlich bin.

Algernon: Und was ist deine Entschuldigung dafür, dass du eine so intelligente, unschuldige und gebildete Frau wie Miss Fairfax getäuscht hast? Und sprechen wir bloß nicht darüber, dass sie meine Cousine ist.

Jack: Ich will mit Gwendolen verlobt sein, das ist alles. Ich liebe sie.

Algernon: Nun, ich will einfach nur mit Cecily verlobt sein. Ich kann nicht mehr ohne sie leben.

Jack: Natürlich gibt es nicht die kleinste Chance, dass du Miss Cardew heiratest.

Algernon: Ich denke, dass es auch ziemlich unwahrscheinlich ist, dass du und Miss Fairfax heiraten.

Jack: Nun, das ist sicher nicht deine Sache.

Algernon: Wenn es meine Sache wäre, würde ich nicht darüber sprechen. [Er beginnt, Muffins zu essen] Es ist ziemlich schlechter Stil, über seine Sachen zu sprechen. Man sollte immer über die Sachen von anderen Leuten sprechen, das ist viel interessanter.

Jack: Wie kannst du hier sitzen und entspannt Muffins essen? Wir haben ein riesiges Problem und haben keine Idee, wie wir es lösen können. Ist dir wirklich alles egal?

Algernon: Nun, ich mag es nicht, meine Muffins mit Stress zu essen. Wahrscheinlich würde ich meine schöne Jacke schmutzig machen. Man sollte Muffins immer entspannt essen. Das ist die einzige Weise, wie man sie isst.

Jack: Der Punkt ist, dass du überhaupt etwas essen kannst, bei all den Schwierigkeiten, die wir haben.

Algernon: Wenn ich Schwierigkeiten habe, ist essen das Einzige, dass mir hilft. Wenn ich in wirklich großen Schwierigkeiten bin – und das kann dir jeder, der mich kennt, bestätigen – mache ich nichts anderes als essen und trinken. Im Moment esse ich Muffins, weil ich traurig bin. Außerdem liebe ich Muffins. [Er steht auf]

Jack: [Steht auf] Nun, aber trotzdem ist das kein Grund, dass du sie alle alleine isst. [Er nimmt Algernon ein paar Muffins aus der Hand]

Algernon: Warum isst du nicht ein bisschen Marmorkuchen? Ich mag Marmorkuchen absolut nicht.

Jack: Um Himmels Willen! Ich nehmen an, dass ein Mann seine eigenen Muffins in seinem eigenen Garten essen kann.

Algernon: Aber du hast gerade gesagt, dass man in unserer schwierigen Situation keinen Muffins essen kann.

Jack: Ich habe gesagt, dass du keine Muffins in dieser schwierigen Situation essen kannst. Siehst du den Unterschied?

Algernon: Das kann schon sein. Aber die Muffins sind die gleichen. [Er nimmt Jack die Muffins aus der Hand]

Jack: Algy, geh endlich, ich will dich hier nicht mehr sehen.

Algernon: Du kannst mich sicherlich nicht ohne Abendessen nach Hause schicken. Das ist absurd. Ich gehe nie ohne Abendessen nach Hause. Niemand macht das, außer Vegetarier und ähnliche Leute. Außerdem habe ich mit Dr. Chasuble vereinbart, dass er mich um viertel vor sechs auf den Namen Ernest tauft.

Jack: Mein lieber Freund, umso früher du mit diesem Unsinn aufhörst, umso besser. Ich habe mit Dr. Chasuble vereinbart, dass er mich um halb sechs tauft und natürlich auf den Namen Ernest. Gwendolen würde es so wollen. Wir können uns nicht beide auf den Namen Ernest taufen lassen. Das ist absurd. Außerdem habe ich wirklich ein Recht, mich taufen zu lassen. Niemand hat gesehen, dass ich als Kind getauft wurde. Ich würde sagen, dass es ziemlich wahrscheinlich ist, dass ich nie getauft wurde und Dr. Chasuble denkt das auch. Im Unterschied zu dir. Du wurdest schon getauft.

Algernon: Ja, aber ich wurde seit Jahren nicht getauft.

Jack: Ja, aber du wurdest schon getauft. Das ist, was zählt.

Algernon: Schon richtig. Das heißt, ich werde auch beim zweiten Mal keine Probleme haben. Wenn du nicht sicher bist, ob du schon getauft wurdest, muss ich sagen, dass es möglicherweise ein großes Risiko für dich bedeutet. Vielleicht wirst du krank? Sicher hast du nicht vergessen, dass erst diese Woche eine dir sehr nahe Person fast an einer schweren Grippe in Paris gestorben ist.

Jack: Ja, aber du hast selbst gesagt, dass schwere Grippen nicht vererbbar sind.

Algernon: Das waren sie bis jetzt nicht, ich weiß – aber ich glaube, das sind sie jetzt. Aber die Wissenschaften finden jeden Tag neue wunderbare Sachen heraus.

Jack: [Nimmt die Muffins wieder in die Hand] Oh, was für ein Unsinn. Du erzählst immer so viel Unsinn.

Algernon: Jack, du isst schon wieder die Muffins! Ich wünschte, du würdest das nicht tun. Es sind nur noch zwei übrig. [Er nimmt sie sich] Ich habe dir gesagt, dass ich Muffins liebe.

Jack: Aber ich hasse Marmorkuchen.

Algernon: Und warum zum Teufel servierst du deinen Gästen dann Marmorkuchen? Was für eine eigenartige Idee von Gastfreundschaft!

Jack: Algernon! Ich habe dir schon gesagt, dass du gehen sollst. Ich will dich hier nicht. Warum gehst du nicht endlich!

Algernon: Ich habe meinen Tee noch nicht ausgetrunken! Und außerdem ist immer noch ein Muffin übrig. [Jack stöhnt und lässt sich auf einen Stuhl fallen. Algernon isst weiter]

Ende 2.Akt

3. Akt

Szene

Das Frühstückszimmer im Manor Haus

[Gwendolen und Cecily stehen am Fenster, sie schauen in den Garten hinaus]

Gwendolen: Die Tatsache, dass sie uns nicht sofort ins Haus gefolgt sind, wie das jeder andere machen würde, scheint mir zu zeigen, dass in ihnen noch ein bisschen Schamgefühl übrig ist.

Cecily: Sie haben Muffins gegessen. Es sieht so aus, als ob es ihnen leid tut.

Gwendolen: [Nach einer Pause] Es scheint nicht, dass sie uns bemerkt haben. Könntest du nicht husten?

Cecily: Aber ich habe keinen Husten.

Gwendolen: Sie schauen zu uns herüber. Was erlauben sie sich!

Cecily: Sie kommen zu uns herüber. Das ist sehr mutig von ihnen.

Gwendolen: Empfangen wir sie mit einem würdevollen Schweigen

Cecily: Ganz sicher. Das ist das Beste, was wir jetzt machen können. [Jack kommt herein, hinter ihm Algernon. Sie pfeifen ein Lied aus einer Oper]

Gwendolen: Unser würdevolles Schweigen hat einen sehr

unangenehmen Effekt.

Cecily: Ja, einen schrecklichen Effekt.

Gwendolen: Aber wir werden nicht die Ersten sein, die sprechen.

Cecily: Auf keinen Fall.

Gwendolen: Mr. Worthing. Ich habe eine ganz besondere Frage an sie. Viel wird von dieser Antwort abhängen.

Cecily: Gwendolen, dein Menschenverstand ist unbezahlbar. Mr. Moncrieff, sein Sie bitte so freundlich und beantworten Sie mir die folgende Frage. Warum haben Sie so getan, als ob Sie der Bruder von meinem Onkel wären?

Algernon: Weil ich die Gelegenheit haben wollte, Sie kennen zu lernen.

Cecily: [Zu Gwendolen] Das scheint mir eine zufriedenstellende Antwort zu sein, meinst du nicht?

Gwendolen: Ja, Liebes, wenn du ihm glauben kannst.

Cecily: Das kann ich nicht. Aber das ändert nichts an der Schönheit seiner Antwort.

Gwendolen: Das ist wahr. Wenn es wichtig ist, dann ist es Stil und nicht die Wahrheit, was bei der Entscheidung hilft. Mr. Worthing, welche Erklärung können Sie mir auf die folgende Frage geben. Warum haben Sie so getan, als ob Sie der Bruder von meinem Onkel wären? War es, weil Sie die Gelegenheit haben wollten, in die Stadt zu kommen und mich so oft wie möglich zu sehen?

Jack: Haben Sie Zweifel daran, Miss Fairfax?

Gwendolen: Ich habe die größten Zweifel bei diesem Thema. Aber ich versuche, sie zu vergessen. Jetzt ist nicht der Moment für deutschen Skeptizismus. [Bewegt sich näher zu Cecily hin] Ihre Erklärungen klingen ziemlich zufriedenstellend, besonders die von Mr. Worthing. In ihr scheint Wahrheit zu sein.

Cecily: Ich bin mehr als zufrieden mit der Antwort von Mr. Moncrieff. Seine Stimme allein reicht schon aus, um einem das Vertrauen zurück zu geben.

Gwendolen: Dann denkst du, dass wir ihnen vergeben sollten?

Cecily: Ja. Ich will sagen nein.

Gwendolen: Richtig! Fast hätte ich es vergessen. Es gibt bei diesem Thema Prinzipien, die man nicht so einfach aufgeben sollte. Wer von uns beiden soll es ihnen sagen? Es ist keine angenehme Aufgabe.

Cecily: Könnten wir nicht beide zur gleichen Zeit sprechen?

Gwendolen: Eine hervorragende Idee! Ich spreche eigentlich fast immer zur gleichen Zeit wie die anderen Leute. Ich zähle bis drei und dann sprechen wir?

Cecily: Natürlich. [Gwendolen zählt mit den Fingern bis drei]

Gwendolen und Cecily: Ihr habt immer noch die gleichen schrecklichen Namen. Das ist alles!

Jack und Algernon: Unsere schrecklichen Namen? Ist das alles?

Wir haben schon einen Termin mit Dr. Chasuble heute Nachmittag, um uns taufen zu lassen.

Gwendolen: [zu Jack] Willst du wirklich so etwas Schreckliches nur wegen mir machen?

Jack: Ja, ich will.

Cecily: [zu Algernon] Bist du wirklich bereit, zu leiden, nur um mir zu gefallen?

Algernon: Ja, das bin ich.

Gwendolen: Wie absurd doch diese Gespräche über die Gleichheit von Männern und Frauen sind! Wenn es darum geht, zu leiden und sich zu opfern, sind Männer so viel stärker als wir.

Jack: Das sind wir. [Schlägt mit Algernon ein]

Cecily: Sie haben Momente, in denen sie einen Mut und eine Opferbereitschaft zeigen, von denen Frauen absolut nichts wissen.

Gwendolen: [zu Jack] Liebling!

Algernon: [zu Cecily] Liebling! [Sie fallen sich in die Arme]

[Merriman kommt herein. Er hustet laut als er die Situation sieht]

Merriman: Ahem! Ahem! Lady Bracknell!

Jack: Um Himmels Willen!

[Lady Bracknell kommt herein. Schnell entfernen sich die beiden Paare voneinander]

Lady Bracknell: Gwendolen! Was hat das zu bedeuten?

Gwendolen: Nicht viel, nur, dass ich mit Mr. Worthing verlobt bin, Mama.

Lady Bracknell: Komm hierher. Setz dich. Setz dich sofort. Langsamkeit ist ein Zeichen für das fehlen geistiger Schnelligkeit, wenn man jung ist, und für körperliche Schwäche, wenn man alt ist. [Sie spricht weiter zu Jack] Nachdem mich das Kindermädchen meiner Tochter – dessen Loyalität ich für wenig Geld gekauft habe – über das plötzliche Verschwinden meiner Tochter informiert hat, bin ich ihr sofort mit dem Zug hierher gefolgt. Ihr unglücklicher Vater glaubt – und ich bin froh, das sagen zu können –, dass sie an einem unerwartet langen Kurs über den 'Einfluss eines permanenten Einkommens auf das Denken' teilnimmt. Ich denke, dass ich ihn in diesem Glauben lassen werde. Tatsächlich habe ich ihn immer in seinem Glauben gelassen, egal welches Thema es war. Es wäre nicht richtig, ihm seinen Glauben zu nehmen. Aber ich denke, es ist klar und Sie werden es sicher verstehen, dass der Kontakt zwischen Ihnen und meiner Tochter sofort enden muss. Jetzt und für immer.

Jack: Ich bin mit Gwendolen verlobt, Lady Bracknell!

Lady Bracknell: Sie sind überhaupt nichts, Mr. Worthing. Und nun zum Thema Algernon! … Algernon!

Algernon: Ja, Tante Augusta.

Lady Bracknell: Ich würde gerne wissen, ob dies das Haus ist, wo dein kranker Freund, Mr. Bunbury, lebt?

Algernon: [Nach den richtigen Worten suchend] Oh! Nein! Bunbury wohnt hier nicht. Bunbury ist im Moment an einem anderen Ort. Um genau zu sein, Bunbury ist tot.

Lady Bracknell: Tot! Wann ist Mr. Bunbury gestorben? Sein Tod muss ja extrem plötzlich gewesen sein.

Algernon: Oh! Ich habe Bunbury heute Nachmittag unter die Erde gebracht. Ich meine, der arme Bunbury ist heute Nachmittag gestorben.

Lady Bracknell: Woran ist er gestorben?

Algernon: Bunbury? Oh, er war zur falschen Zeit am falschen Ort.

Lady Bracknell: Zur falschen Zeit am falschen Ort? Nun, wahrscheinlich ist es besser für ihn und für die Leute, denen er mit seinen endlosen Krankheiten die Zeit gestohlen hat.

Algernon: Meine liebe Tante Augusta, ich will damit sagen, dass er entdeckt wurde! Die Ärzte haben entdeckt, dass er nicht weiter leben konnte. Das ist, was ich sagen will – deshalb ist er gestorben.

Lady Bracknell: Es scheint, dass er großes Vertrauen in die Meinung seiner Ärzte gehabt hat. Wie auch immer, ich bin froh, dass er endlich eine Entscheidung getroffen hat und auf die Meinung seiner Ärzte gehört hat. Und da das Thema Bunbury endlich beendet ist, dürfte ich fragen, Mr. Worthing, wer diese junge Person ist, deren Hand mein Neffe Algernon unnötigerweise in seiner Hand hält?

Jack: Diese Dame ist Miss Cecily Cardew. Ich bin für sie verantwortlich.

Algernon: Ich bin mit Cecily verlobt, Tante Augusta.

Lady Bracknell: Wie bitte?

Cecily: Mr. Moncrieff und ich sind verlobt, Lady Bracknell.

Lady Bracknell: [Schüttelt mit dem Kopf und geht hinüber zum Sofa, um sich zu setzen] Ich weiß nicht, ob es hier in Hertfordshire irgendetwas Besonderes in der Luft gibt, aber die Zahl der Verlobungen, die hier passieren, scheinen mir von keiner ehrlichen Statistik gedeckt. Ich denke, es wäre eine gute Idee von mir, nach ein paar Information zu fragen. Mr. Worthing, gibt es eine Verbindung zwischen Miss Cardew und irgendeiner der größeren Zughaltestellen in London? Ich wünsche nur ein paar Informationen. Sie verstehen, bis gestern hatte ich keine Idee, dass es Familien oder Personen gibt, deren Geschichte in einem Bahnhof beginnt. [Man sieht die Wut in Jacks Gesicht, aber er schweigt]

Jack: [Mit klarer, kalter Stimme] Miss Cardew ist die Enkelin des alten Mr. Thomas Cardew, Belgrave Platz 149; Gervase Park, Surrey; und Sporran, Fifeshire.

Lady Bracknell: Das klingt nicht schlecht. Drei Adressen geben einem immer Vertrauen, sogar bei Handwerkern. Aber woher weiß ich, dass sie auch wahr sind?

Jack: Ich habe alle Dokumente sorgfältig aufbewahrt. Sie können sie gerne überprüfen, Lady Bracknell. Und Miss Cardews

Familiennotare sind die Herren Markby, Markby und Markby.

Lady Bracknell: Markby, Markby und Markby? Das ist eines der besten Notarbüros in England. Man hat mir sogar erzählt, dass man Mr. Markby manchmal auf Empfängen sieht. Ich bin soweit zufrieden.

Jack: [Ziemlich verärgert] Wie freundlich von Ihnen, Lady Bracknell! Sie werden sicher gerne hören, dass ich außerdem Geburts- ,Tauf-, Impf- und Krankheitszertifikate von Miss Cardew in meinem Besitz habe. Alle in Englisch und in Deutsch.

Lady Bracknell: Ah! Ein ereignisreiches Leben hat die junge Dame also. Vielleicht ein bisschen zu ereignisreich. Ich bin kein großer Freund von zu vielen Ereignissen in so jungen Jahren. [Sie steht auf und schaut auf ihre Uhr] Gwendolen! Der Moment für unseren Abschied ist gekommen. Wir dürfen keine Zeit verlieren. Reine Formalität, Mr. Worthing, aber ich sollte noch fragen, ob Miss Cardew zufällig auch ein bisschen Vermögen geerbt hat?

Jack: Oh! Ungefähr 130 000 Pfund in Aktien. Das ist alles. Auf Wiedersehen, Lady Bracknell. Es hat mich gefreut, Sie zu sehen.

Lady Bracknell: [Setzt sich wieder hin] Einen Moment, Mr. Worthing. 130 000 Pfund! Und in Aktien! Wenn ich mir Miss Cardew so ansehe, scheint sie eine ziemlich attraktive junge Frau zu sein. Wenige Mädchen in der heutigen Zeit haben interessante Qualitäten, Qualitäten, die bleiben und sogar mit der Zeit noch besser werden. Wir leben in einer Zeit der Oberflächlichkeiten, wie ich leider sagen muss. [Zu Cecily] Komm hierher zu mir, Liebes. [Cecily geht zu ihr hinüber] Hübsches Kind! Dein Kleid ist traurig einfach und deine Haare sehen fast so aus, wie die Natur sie dir gegeben hat. Aber das können wir bald alles verbessern. Ich kenne eine paar Damen, die in kurzer Zeit wirklich wundervolle Ergebnisse präsentieren können. Ich erinnere mich noch gut an die Dame, die ich der jungen Lady Lancing empfohlen habe. Nach drei Monaten hat sie ihr eigener Ehemann nicht mehr erkannt.

Jack: Und nach sechs Monaten hat sie niemand mehr erkannt.

Lady Bracknell: [Sieht Jack kurz wütend an. Dann lächelt sie ihn kalt an und spricht weiter zu Cecily]

Bitte, dreh dich, mein liebes Kind. [Cecily dreht sich im Kreis] Nein, ich will dich von der Seite sehen. [Cecily zeigt sich ihr im Profil] Ja, genau wie ich es erwartet hatte. Es gibt verschiedene gesellschaftliche Möglichkeiten für dein Profil. In unserem Alter gibt es zwei Schwachpunkte: der Wille, Prinzipien zu haben und der Wille, ein Profil zu haben. Das Kinn ein bisschen höher, Liebes. Stil hängt stark von der Art und Weise ab, wie das Kinn getragen wird. Im Moment trägt man das Kinn hoch. Algernon!

Algernon: Ja, Tante Augusta!

Lady Bracknell: Es gibt verschiedene gesellschaftliche Möglichkeiten für Miss Cardews Profil.

Algernon: Cecily ist das süßeste, liebste und schönste Mädchen auf der ganzen Welt. Und es ist mir völlig egal, ob sie gesellschaftliche Möglichkeiten hat oder nicht.

Lady Bracknell: Sprich niemals respektlos von der Gesellschaft, Algernon. Nur Leute, die nicht in sie hinein kommen, machen das. [Zu Cecily] Liebes Kind, natürlich weißt du, dass Algernon absolut nichts außer seinen Schulden hat. Aber ich bin auch kein Freund von Hochzeiten, wo es nur um das Geld geht. Als ich Lord Bracknell geheiratet habe, hatte ich überhaupt kein Vermögen. Aber ich habe nicht einen Moment daran gedacht, dass das in meinem Weg stehen würde. Ich nehme an, dass ich mein Einverständnis zu eurer Verlobung geben muss.

Algernon: Danke, Tante Augusta.

Lady Bracknell: Cecily, du darfst mir einen Kuss geben!

Cecily: [Küsst sie] Danke, Lady Bracknell.

Lady Bracknell: Du darfst ab heute auch Tante Augusta zu mir sagen.

Cecily: Danke, Tante Augusta.

Lady Bracknell: Die Hochzeit sollte am besten bald stattfinden.

Algernon: Danke, Tante Augusta.

Cecily: Danke, Tante Augusta.

Lady Bracknell: Um ehrlich zu sein, bin ich kein Freund von langen Verlobungen. Sie geben den Leuten die Gelegenheit, mehr über den Charakter des Anderen heraus zu finden, was ich nicht sehr empfehlenswert finde.

Jack: Entschuldigen Sie bitte, dass ich Sie unterbreche, Lady Bracknell, aber diese Hochzeit wird auf keinen Fall stattfinden. Ich bin für Miss Cardew verantwortlich und sie kann nicht ohne mein Einverständnis heiraten. Sie ist nicht volljährig und kann das nicht entscheiden. Und ich werde auf keinen Fall mein Einverständnis geben.

Lady Bracknell: Und aus welchem Grund, wenn ich fragen darf? Algernon ist eine extrem gute Wahl für eine junge Dame wie Miss Cardew. Er hat nichts, aber er sieht so aus, als ob ihm die Welt gehört. Was kann man sich mehr wünschen?

Jack: Es schmerzt mich sehr, dass ich so offen über ihren Neffen mit Ihnen sprechen muss, Lady Bracknell, aber der Punkt ist, dass ich mit seiner moralischen Perspektive nicht einverstanden bin. Ich habe den Eindruck, dass er eine ziemlich unehrliche Person ist.

[Algernon und Cecily sehen ihn wütend und erstaunt an]

Lady Bracknell: Eine unehrliche Person! Mein Neffe Algernon? Unmöglich! Er hat in Oxford studiert.

Jack: Ich fürchte, dass es bei diesem Thema keine Zweifel gibt. Heute Nachmittag, als ich selbst wegen einer wichtigen Frage der Liebe nicht zu Hause war, kam er zu meinem Haus, hat sich als eine Person präsentiert, die er nicht ist – mein Bruder – und hat es auf diese Weise geschafft, unerlaubt in mein Haus hinein zu kommen. Unter einem falschen Namen hat er eine teure Flasche

Rotwein, Jahrgang '89, getrunken, wie mir mein Butler gerade gesagt hat. Rotwein, den ich für einen besonderen Moment und für mich persönlich reserviert hatte. Aber damit nicht genug. Sein falsches Spiel weiter spielend, hat er es am Nachmittag geschafft, meine einzige Nichte zu überreden, sich mit ihm zu verloben – wer weiß, mit welchen Lügen. Danach ist er zum Tee geblieben und hat alle Muffins gegessen. Alle Muffins! Und was die ganze Geschichte noch schlimmer macht, ist, dass er von Anfang an wusste, dass ich keinen Bruder habe, dass ich niemals einen Bruder hatte und, dass ich auch nicht daran denke, jemals einen Bruder zu haben. Ich habe ihm das selbst heute Nachmittag erzählt.

Lady Bracknell: Ahem! Mr. Worthing, nachdem ich lange und sorgfältig über das Thema nachgedacht habe, habe ich entschieden, dass das Benehmen meines Neffen keine große Bedeutung hat.

Jack: Das ist sehr freundlich von Ihnen, Lady Bracknell. Meine eigene Entscheidung, allerdings, wird sich nicht ändern. Ich werde mein Einverständnis nicht geben.

Lady Bracknell: [Zu Cecily] Komm her, mein liebes Kind. Wie alt bist du, meine Kleine?

Cecily: Nun, ich bin eigentlich erst achtzehn, aber auf Parties sage ich immer, dass ich schon zwanzig bin.

Lady Bracknell: Du hast alles Recht der Welt, dich ein bisschen älter zu machen. Tatsächlich ist es so, dass keine Frau zu genau mit ihrem Alter sein sollte. Es sieht so aus, als ob man permanent rechnen würde…[nachdenklich] Achtzehn, aber auf Parties sagt sie, dass sie zwanzig ist. Nun, ich denke, es wird nicht mehr lange dauern bis du volljährig bist und dann brauchst du kein Einverständnis von niemandem mehr. Deshalb würde ich sagen, dass das Einverständnis von Mr. Worthing nicht wirklich wichtig ist.

Jack: Ich bitte zu entschuldigen, Lady Bracknell, aber ich muss Sie noch einmal unterbrechen. Ich denke, es ist nur fair, wenn ich Ihnen sage, dass Miss Cardews Großvater in sein Testament geschrieben hat, dass Miss Cardew nicht vor fünfunddreißig volljährig sein wird.

Lady Bracknell: Das scheint mir kein großes Problem zu sein. Fünfunddreißig ist ein sehr attraktives Alter. Die Londoner Gesellschaft ist voll von Frauen aus den besten Familien, die seit vielen Jahren fünfunddreißig sind und das aus freiem Willen. Lady Dumbleton ist das beste Beispiel. Soweit ich weiß ist sie fünfunddreißig seit sie ihren vierzigsten Geburtstag hatte und der war vor vielen Jahren. Ich kann keinen Grund sehen, warum Cecily in diesem Alter nicht sogar noch viel attraktiver als heute sein sollte. Ihr Vermögen wird bis zu diesem Moment enorm wachsen.

Cecily: Algy, könntest du auf mich warten, bis ich fünfunddreißig bin?

Algernon: Natürlich könnte ich, Cecily. Du weißt, dass ich das könnte.

Cecily: Ja, ich habe das instinktiv gefühlt, aber ich könnte nicht so lange warten. Ich hasse es, auch nur fünf Minuten zu warten. Ich bekomme davon schlechte Laune. Ich bin selbst nicht pünktlich, das weiß ich, aber ich mag Pünktlichkeit bei anderen, und warten, sogar auf eine Hochzeit, kann ich auf keinen Fall.

Algernon: Was sollen wir dann machen, Cecily?

Cecily: Ich weiß es nicht, Mr. Moncrieff.

Lady Bracknell: Mein lieber Mr. Worthing, da Miss Cardew der Meinung ist, dass sie nicht bis fünfunddreißig warten kann – eine Meinung, die eine sehr ungeduldige Persönlichkeit zeigt, wie ich sagen muss – möchte ich Sie bitten, dass Sie noch einmal über ihre Entscheidung nachdenken.

Jack: Aber liebe Lady Bracknell, Sie haben die Sache selbst in der Hand. In dem Moment, in dem Sie ihr Einverständnis geben, dass Gwendolen und ich heiraten können, werde ich mit Freuden mein Einverständnis geben, dass ihr Neffe meine Nichte heiraten kann.

Lady Bracknell: [Steht auf und stellt sich vor Jack] Sie dürften ziemlich genau wissen, dass ich das auf keinen Fall machen werde.

Jack: Dann haben wir alle ein paar einsame Jahre vor uns, auf die wir uns freuen können.

Lady Bracknell: Glauben Sie mir, ich habe andere Pläne für Gwendolen. Algernon kann natürlich machen, was er will. [Zieht ihre Uhr aus der Tasche] Komm, Liebes, wir haben schon fünf oder sechs Züge verpasst. Wenn wir noch mehr Züge verpassen, werden die Leute anfangen, über uns zu reden.

[Dr. Chasuble kommt herein]

Chasuble: Es ist alles fertig für die Taufen.

Lady Bracknell: Die Taufen? Kommen Sie nicht ein bisschen zu früh?

Chasuble: [Versteht die Frage nicht und zeigt auf Jack und Algernon] Diese zwei Herren haben mich gebeten, dass ich sie so schnell wie möglich taufe.

Lady Bracknell: In ihrem Alter? Diese Idee ist absurd und absolut nicht religiös! Algernon, ich verbiete dir, dich taufen zu lassen. Ich will von so einem Unsinn nichts hören. Lord Bracknell würde es überhaupt nicht mögen, wenn er heraus finden würde, wie du seine Zeit und sein Geld verschwendest.

Chasuble: Verstehe ich es richtig, dass es also keine Taufen heute Nachmittag geben wird?

Jack: Ich denke nicht, dass es uns einen Vorteil bringen würde, Dr. Chasuble, so wie die Dinge jetzt stehen.

Chasuble: Es macht mich sehr traurig, solche Worte von Ihnen zu hören, Mr. Worthing. Ich hatte gedacht, dass Sie die wahren

Vorteile der Taufe schon lange erkannt hätten. Allerdings, da ihre momentane Laune ziemlich säkular scheint, werde ich nun zurück in die Kirche gehen. Man hat mich gerade informiert, dass Miss Prism schon seit eineinhalb Stunden dort auf mich wartet.

Lady Bracknell: Miss Prism! Haben Sie gerade Miss Prism gesagt?

Chasuble: Ja, Lady Bracknell. Ich bin gerade auf dem Weg, um mich mit ihr zu treffen.

Lady Bracknell: Warten Sie bitte einen Augenblick. Dieses Thema könnte von größter Wichtigkeit für Lord Bracknell und mich sein. Ist diese Miss Prism eine unfreundliche Frau, die versucht ihr Geld mit Unterricht zu verdienen?

Chasuble: [Leicht verärgert] Sie ist die gebildetste, ehrlichste und freundlichste Person, die man sich vorstellen kann.

Lady Bracknell: Es gibt keinen Zweifel daran, dass wir von der selben Person sprechen. Dürfte ich fragen, was sie in ihrem Haus macht?

Chasuble: [Streng] Ich bin ein Diener Gottes, Lady Bracknell.

Jack: Miss Prism, Lady Bracknell, ist seit drei Jahren Miss Cardews Lehrerin und Freundin und ich bin sehr zufrieden mit ihrer Arbeit.

Lady Bracknell: Egal, was ich gerade von ihr höre, ich muss sie sofort sehen. Lassen Sie sie hierher bringen.

Chasuble: Sie kommt gerade.

[Miss Prism kommt herein]

Miss Prism: Man hat mir gesagt, dass Sie in der Kirche auf mich warten, lieber Herr Pfarrer. Ich habe dort fast zwei Stunden gewartet. [Sie sieht Lady Bracknell, die sie mit kalten Augen ansieht. Miss Prism wird plötzlich nervös und es scheint, dass sie nach einem Weg sucht, um zu flüchten]

Lady Bracknell: [Mit strenger und harter Stimme] Prism! [Miss Prism sieht voller Scham auf den Boden] Kommen Sie her, Prism! [Miss Prism kommt langsam zu ihr herüber] Prism! Wo ist das Baby? [Alle machen ein erstauntes Gesicht und beginnen zu flüstern] Vor achtundzwanzig Jahren, Prism, haben Sie das Haus von Lord Bracknell, Upper Grosvenor Straße 104, mit einem Kinderwagen verlassen. In diesem Kinderwagen befand sich ein Baby, ein Junge, um genau zu sein. Sie sind nie wieder zurück gekommen. Ein paar Wochen später hat die Polizei nach wochenlanger Suche den Kinderwagen mitten in der Nacht gefunden. In ihm fand sie das Manuskript eines Buchs, welches voll mit mittelmäßigen romantischen Geschichten war. [Miss Prism zeigt sich verärgert, sagt aber nichts] Aber das Baby war nicht da! [Alle sehen Miss Prism an] Prism! Wo ist das Baby?

[Eine Pause. Niemand sagt ein Wort]

Miss Prism: Lady Bracknell, ich muss voller Schande zugeben, dass ich es nicht weiß. Ich wünschte, ich wüsste es. Ich kann Ihnen nur sagen, was ich selbst weiß. An Morgen des Tages, von dem Sie sprachen und den ich niemals vergessen werde, habe ich das Baby wie jeden Tag für einen Spaziergang im Kinderwagen fertig gemacht. Außerdem hatte ich eine alte, große Handtasche dabei, in die ich das Manuskript meines Buches legen wollte, welches ich während meiner freien Stunden geschrieben hatte.

Leider habe ich dann einen großen Fehler gemacht, den ich mir niemals vergeben werde. Ich war einen kurzen Moment unkonzentriert und habe das Baby in die Tasche und das Manuskript in den Kinderwagen gelegt.

Jack: [der aufmerksam zugehört hat] Aber wo haben Sie die Tasche stehen gelassen?

Miss Prism: Fragen Sie mich nicht, Mr. Worthing.

Jack: Miss Prism, dieses Thema ist von größter Wichtigkeit für mich. Ich muss wissen, wo Sie die Handtasche stehen gelassen haben, in dem das Baby war.

Miss Prism: Ich habe sie in der Garderobe in einem der größeren Bahnhöfe von London gelassen.

Jack: Welcher Bahnhof?

Miss Prism: [Am Boden zerstört] Victoria. Die Brighton-Linie. [Lässt sich auf einen Stuhl fallen]

Jack: Ich muss schnell in mein Zimmer gehen. Gwendolen, warte hier auf mich.

Gwendolen: Wenn du nicht zu lange brauchst, werde ich hier mein ganzes Leben auf dich warten. [Jack verlässt eilig und aufgeregt das Zimmer]

Chasuble: Was denken Sie, was das bedeutet, Lady Bracknell?

Lady Bracknell: Ich weiß es nicht, aber ich habe eine Vermutung, Dr. Chasuble. Ich muss Ihnen sicher nicht sagen, dass in hohen Familien keine eigenartigen Zufälle passieren sollten. Sie sind nicht gern gesehen. [Man hört Lärm, als ob jemand ein ganzes Zimmer auf den Kopf stellt]

Cecily: Onkel Jack scheint eigenartig aufgeregt zu sein.

Chasuble: Dein Onkel ist eine sehr emotionale Person.

Lady Bracknell: Der Lärm ist ziemlich unangenehm. Es klingt so, als ob er mit jemandem streiten würde. Ich hasse Streits, welchen Grund sie auch haben. Sie sind immer niveaulos und oft überzeugend.

Chasuble: [Sieht nach oben] Jetzt ist es wieder leise. [Der Lärm beginnt wieder]

Lady Bracknell: Ich wünschte, er würde endlich finden, was er sucht.

Gwendolen: Diese Spannung ist schrecklich. Hoffentlich dauert sie noch länger. [Jack kommt wieder in das Zimmer, er hat eine schwarze Handtasche aus Leder in der Hand]

Jack: [Geht mit schnellen Schritten zu Miss Prism] Ist das die Handtasche, Miss Prism? Untersuchen Sie sie genau, bevor Sie sprechen. Ihre Antwort könnte mehr als eine Person hier sehr glücklich machen.

Miss Prism: [Ruhig] Es scheint meine Tasche zu sein. Ja, hier ist der kleine Schaden, der während einer Busfahrt vor vielen Jahren passiert ist. Hier innen ist der Fleck, der von einer kaputten Flasche kam. Und hier oben, auf dem Schloss, sind meine Initialen. Ich hatte schon vergessen, dass ich sie aus einer extravaganten Laune heraus auf das Schloss machen ließ. Das ist ohne Zweifel meine Tasche. Es freut mich sehr, dass sie mir so unerwartet zurück gegeben wird. Ich habe sie während den vielen Jahren sehr vermisst.

Jack: [Mit sarkastischer Stimme] Miss Prism, es wird Ihnen viel mehr zurück gegeben als diese Handtasche. Ich war das Baby, das Sie in der Tasche vergessen haben.

Miss Prism: [Erstaunt] Sie?

Jack: [Umarmt sie] Ja...Mutter!

Miss Prism: [Macht einen Schritt zurück und sieht Jack halb wütend, halb erstaunt an] Mr. Worthing! Ich bin nicht verheiratet!

Jack: Nicht verheiratet! Natürlich wäre es besser, wenn Sie verheiratet wären. Aber wer würde einen Stein auf jemanden werfen, der so viel und so lange gelitten hat? Ihr jahrelanges Leiden war sicher genug Strafe, um einen dummen Fehler in jungen Jahren vergessen zu machen. Warum sollten wir Frauen anders behandeln als Männer? Mutter, ich vergebe dir. [Er versucht, sie wieder zu umarmen]

Miss Prism: [Noch wütender] Mr. Worthing, Sie haben etwas falsch verstanden. [Sie zeigt auf Lady Bracknell] Diese Dame kann Ihnen sagen, wer Sie wirklich sind.

Jack: [Nach einer Pause] Lady Bracknell, ich hasse es, zu neugierig zu sein, aber wären Sie bitte so freundlich, mich darüber zu informieren, wer ich bin?

Lady Bracknell: Ich fürchte, dass ich Neuigkeiten für Sie habe, die Ihnen nicht wirklich gefallen werden. Sie sind der Sohn meiner armen Schwester, Mrs. Moncrieff, und somit Algernons älterer Bruder.

Jack: Algys älterer Bruder! Dann habe ich am Ende wirklich einen Bruder. Ich wusste, dass ich einen Bruder habe! Ich habe immer gesagt, dass ich einen Bruder habe! Cecily, wie konntest du nur daran zweifeln, dass ich einen Bruder habe? [Er nimmt Algernon an der Hand] Dr. Chasuble, mein unerwarteter Bruder. Miss Prism, mein unerwarteter Bruder. Gwendolen, mein unerwarteter Bruder. Algy, du kleiner Betrüger, du wirst mich in Zukunft mit mehr Respekt behandeln müssen. Du warst dein ganzes Leben nicht wie ein guter Bruder zu mir.

Algernon: Nun, bis heute nicht, alter Junge, ich gebe es zu. Ich habe mein Bestes gegeben, aber mir hat ein bisschen die Übung gefehlt. [Sie geben sich die Hand]

Gwendolen: [Zu Jack] Mein Liebling! Aber wer bist du jetzt? Welcher ist dein Taufname, jetzt, wo du nicht mehr der bist, der du warst?

Jack: Um Himmels Willen! ... An dieses Thema hatte ich überhaupt nicht mehr gedacht. Deine Entscheidung, nur einen Mann mit dem Namen Ernest zu heiraten, hat sich nicht geändert, nehme ich an?

Gwendolen: Ich ändere nie etwas, höchstens meine Zuneigung.

Cecily: Was für eine noble Person du bist, Gwendolen!

Jack: Dann sollten wir diese Frage am besten gleich klären. Tante Augusta, einen Moment. Zu der Zeit, als Miss Prism mich in der Handtasche gelassen hat, war ich da schon getauft worden?

Lady Bracknell: Deine liebenden Eltern hatten dir allen Luxus gegeben, den man mit Geld kaufen kann, und natürlich auch eine Taufe.

Jack: Das heißt, dass ich getauft wurde! Dann ist das geklärt. Und welchen Namen haben sie mir gegeben? Ich bin bereit für die schlechte Nachricht.

Lady Bracknell: Da du der älteste Sohn bist, hat man dir natürlich den Namen deines Vater gegeben.

Jack: [Ungeduldig] Ja, aber wie war der Name meines Vaters?

Lady Bracknell: [Nachdenklich] Ich kann mich im Moment nicht an den Namen des Generals erinnern. Aber ich bin sicher, dass er einen gehabt hat. Er war exzentrisch, das gebe ich zu. Aber nur auf seine alten Tage. Und das war das Ergebnis des indischen Klimas, und seiner Ehe, und seiner Verdauung, und anderer solcher Geschichten.

Jack: Algy! Kannst du dich nicht daran erinnern, wie der Name deines Vaters war?

Algernon: Mein lieber Junge, ich habe in meinem ganzen Leben nicht ein Wort mit meinem Vater gesprochen. Er starb, als ich ein Jahr alt war.

Jack: Sein Name steht sicher in den Armeelisten aus dieser Zeit, nehme ich an, Tante Augusta?

Lady Bracknell: Der General war ein Mann des Friedens, außer in seiner Ehe. Aber ich habe keine Zweifel, dass man seinen Namen in den Armeelisten finden kann.

Jack: Hier sind die Armeelisten der letzten vierzig Jahre. [Er geht schnell zum Bücherregal und zieht ein paar Bücher heraus] … Mallam, Maxbohm, Magley, welch schreckliche Namen sie haben – Markby, Migsby, Mobbs, Moncrieff! Ernest John. [Er legt das Buch leise auf den Tisch und spricht dann mit ruhiger Stimme] Ich habe es dir immer gesagt, Gwendolen, mein Name ist Ernest! Nun, am Ende ist es tatsächlich Ernest. Ich will sagen, ich war mein ganzes Leben schon ein Ernest.

Lady Bracknell: Ja, jetzt erinnere ich daran, dass der General Ernest hieß. Ich wusste, dass ich einen Grund hatte, warum ich diesen Namen nicht mag.

Gwendolen: Ernest! Mein eigener Ernest! Ich habe es von Anfang an gefühlt, dass du keinen anderen Namen haben konntest!

Jack: Gwendolen, es ist ein schwieriger Moment für einen Mann, wenn er herausfindet, dass er sein ganzes Leben die Wahrheit und nichts als die Wahrheit gesagt hat. Kannst du mir vergeben?

Gwendolen: Ich kann. Ich weiß, dass du dich ändern wirst.

Jack: Meine Liebste!

Chasuble: [zu Miss Prism] Laetitia! [Umarmt sie]

Miss Prism: [Enthusiastisch] Frederick! Endlich!

Algernon: Cecily! [Umarmt sie] Endlich!

Jack: Gwendolen! [Umarmt sie] Endlich!

Lady Bracknell: Mein Neffe, du scheinst ein bisschen das Niveau zu verlieren.

Jack: Im Gegenteil, Tante Augusta, ich habe gerade zum ersten Mal in meinem Leben verstanden, wie wichtig es ist, ehrlich (earnest) zu sein.

Leseprobe: Die Reise zum Mittelpunkt der Erde

aus der Serie **Classics simplified for Language Learners** von Dominik Wexenberger

Kapitel 1 – Professor Lidenbrock

Es war der 24. Mai 1863, ein Sonntag. Professor Lidenbrock, mein Onkel, war sehr in Eile als er nach Hause kam. Wir wohnten in einem kleinen Haus in der Königsstraße 19. Die Straße war eine der ältesten Straßen in Hamburg.

Martha musste glauben, dass sie zu langsam gekocht hatte, weil das Essen auf dem Herd begann gerade erst zu kochen.

„Hoffentlich hat mein Onkel keinen Hunger. Er wird sehr wütend werden, wenn das Essen noch nicht fertig ist und er hungrig ist. Du weißt, wie ungeduldig mein Onkel ist."

„Er ist schon da!", rief Martha hektisch.

„Das Essen muss aber noch ein bisschen kochen. Es ist gerade erst halb 2. Ich habe gerade die Glocke von der Michaeliskirche gehört.", antwortete ich.

„Aber warum kommt Herr Lidenbrock schon nach Hause?", fragte Martha verwundert.

„Ich denke, dass er uns das gleich sagen wird."

„Da kommt er schon! Ich werde mich in der Küche verstecken. Versuchen Sie ihn zu beruhigen.", sagte Martha und lief schnell in die Küche.

Ich blieb allein zurück und dachte darüber nach, wie ich den Professor beruhigen könnte. Ich war selbst ein sensibler und ruhiger Typ Mensch und eigentlich die falsche Person, um einen Mann wie meinen Onkel zu beruhigen. Ich wollte gerade nach oben in mein kleines Zimmer gehen, als ich hörte wie die Haustür sich öffnete und sich schloss. Kurz darauf kam mein Onkel in das Zimmer herein, warf seine Kleidung in eine Ecke und lief gerade aus weiter in sein Arbeitszimmer. Bevor er im Arbeitszimmer verschwand, rief er noch laut:

„Axel, folge mir in mein Arbeitszimmer. Sofort!"
Ich hatte nicht einmal Zeit, um aufzustehen. Schon rief der Professor ungeduldig zum zweiten Mal:

„Axel, worauf wartest du? Ich habe nicht den ganzen Tag Zeit!"
Schnell rannte ich in das Arbeitszimmer meines Onkels. Otto Lidenbrock war eigentlich kein schlechter Mensch. Er war ein bisschen anders als die meisten Menschen, das muss man sagen.
Er war Professor für Geologie und Mineralogie am Johanneum und man konnte dort seine Vorträge besuchen. Es war für ihn nicht so wichtig, ob die Leute etwas in seinen Vorträgen lernten. Seine Vorträge waren mehr für ihn selbst als für die Studenten, die die Vorträge besuchten. Er war von der Sorte Professoren, die an der Universität arbeiteten, weil diese ihnen die Möglichkeit gab zu studieren und zu forschen und nicht, weil er sein Wissen

mit den Studenten teilen wollte. Weiterhin hatte er ein bisschen Probleme mit der Aussprache. So passierte es von Zeit zu Zeit, dass er in seinem Vortrag nicht mehr weiter kam und verzweifelt nach einer Möglichkeit suchte, wie er das schwierige Wort aussprechen könnte. Er wurde immer wütender und wütender, bis er meistens vor Wut explodierte. Natürlich muss man hier sagen, dass die Mineralogie und die Geologie voll mit schwierigen Wörtern sind und wahrscheinlich jeder von uns das eine oder andere große Problem mit dem einen oder anderen Wort hätte.

Die Leute kannten diese Schwäche meines Onkels und machten sich über ihn lustig. Sie versuchten ihn zu provozieren, was sie auch oft schafften. Die Vorträge meines Onkels waren immer voll mit Leuten, aber weniger weil sie etwas über Geologie oder Mineralogie lernen wollten, sondern weil sie Spaß dabei hatten, meinen Onkel explodieren zu sehen. Trotzdem, man kann über meinen Onkel sagen, was man will, aber in der Geologie und Mineralogie war er einer der besten Köpfe, die das Land zu bieten hatte. Mit seinen Werkzeugen, seinen Chemikalien und seinen Laborutensilien war der Professor ein Genie. Er konnte ohne große Probleme egal welches Metall mit Hilfe seiner Farbe, seines Geruchs oder seines Geschmacks und seiner Konsistenz bestimmen und einordnen.

Deshalb war der Name Lidenbrock in den Schulen, Universitäten und Vereinen sehr bekannt. Viele bekannte

Wissenschaftler besuchten den Professor zu Hause oder in der Universität und verbrachten oft Stunden damit mit ihm zu diskutieren und ihm Fragen zu stellen.

Diese kurze Präsentation kann leider nur ein ungenaues Bild von meinem Onkel geben, aber ich denke, dass sie genügt, um ihn sich mehr oder weniger vorstellen zu können. Dieser Mann war es, der mich ungeduldig in sein Zimmer rief. Ein großer und magerer Mann mit blonden Haaren, der fast niemals krank war und sich einer hervorragenden Gesundheit erfreute. Er hatte große Augen, die neugierig und nervös durch seine Brille blickten und eine lange und feine Nase, mit der er gerne eine Prise Tabak genoss.

Er wohnte in Hamburg in der Königsstraße in einem kleinen, alten Haus, welches zur Hälfte aus Stein und zur anderen Hälfte aus Holz gebaut war. Das Haus war möglicherweise nicht das schönste und modernste Haus, welches man sich vorstellen konnte, aber es war gemütlich und es gab genug Platz für alles. Der Professor war kein reicher Mann, aber er hatte doch mehr als genug Geld, um zu leben. Das Haus war sein Eigentum und alles, was sich in ihm finden ließ. Dazu gehörten auch die Personen, die neben meinem Onkel dort lebten: sein Patenkind Gretchen, ein siebzehnjähriges Mädchen, Martha, die Köchin und Putzfrau im Haus und ich. Als Neffe und Waisenkind hatte der Professor mich über die Jahre zu seinem Assistenten gemacht. Das heißt, wenn es gefährlich oder schmutzig oder beides wurde, rief er nach mir. Ich muss zugeben, dass ich selbst auch ein großes Interesse für die Geologie und Mineralogie hatte und deshalb wahrscheinlich im absolut richtigen Haus wohnte und der Assistent des richtigen Mannes war. Auch wenn man am Anfang den Eindruck gewinnen konnte, dass der Professor und das Leben in seinem Haus ein wahrer Albtraum sein mussten, war es doch kein schlechtes Leben, welches ich mit meinem Onkel lebte. Letztendlich sah er mich als Familie und liebte mich. Aber der ungeduldige Mann hasste eine Sache: Warten.

Und wenn ich ungeduldig sage, meine ich das auch. Ein Beispiel? Mein Onkel zog an den Blättern seiner Pflanzen, weil er davon überzeugt war, dass sie durch diese Methode schneller wachsen würden. Und um sicher zu gehen, dass seine Pflanzen so schnell wie möglich und in so kurzer Zeit wie möglich wuchsen, nahm er sich jeden Morgen die Zeit, um seinen Pflanzen beim Wachsen zu helfen.

Ich denke, dass es deshalb sehr verständlich ist, dass ich nun so schnell ich konnte in sein Zimmer lief.

Kapitel 2 – Ein altes Dokument

Das Arbeitszimmer des Professors ähnelte stark einem Museum. In den Schränken und Regalen konnte man verschiedene interessante Objekte finden: Steine, Mineralien,

116

Instrumente und Werkzeuge, alte Bücher und Dokumente. Alles war ordentlich sortiert, klassifiziert und mit einem Etikett beschriftet.

Wie viel Zeit hatte ich in diesem Zimmer schon verbracht! Meine Liebe für die Geologie und die Mineralogie hatte mich hier viele Stunden verbringen lassen. So viele interessante Steine, Mineralien und faszinierende, chemische Substanzen. So viele Instrumente und Werkzeuge, die die Spielzeuge meiner Kindheit waren, während meine Klassenkameraden draußen Fußball spielten oder im Fluss schwimmen gingen. So viele wunderschöne Erinnerungen meines noch jungen Lebens!

Aber als ich in das Zimmer kam, hatte ich keine dieser alten Erinnerungen im Kopf, sondern nur die Angst davor, was mich in diesem Moment erwartete. Was war nur der Grund dafür, dass mein Onkel so früh und eilig nach Hause gekommen war? In wenigen Minuten würde ich eine Antwort bekommen und ich war mir sicher, dass sie mir nicht gefallen würde.

Mein Onkel saß auf seinem Stuhl hinter seinem Schreibtisch und war mit einem Buch beschäftigt. Voller Begeisterung rief er: „Welch ein Buch! Welch ein Buch!" Ich erinnerte mich daran, dass der Professor nicht nur ein begeisterter Wissenschaftler war, sondern dass er auch alte und verstaubte Bücher liebte wie wenige andere Dinge auf dieser Erde. „Siehst du nicht, welchen wunderbaren Schatz ich in meinem Händen halte? Ich habe dieses Juwel heute Morgen im Laden von Hevelius gefunden."

„Das Buch ist wirklich wunderschön. Und alt. Und verstaubt. Auf jeden Fall ein Schatz.", antwortete ich, nicht wissend, welche Art von Antwort der Professor von mir erwartete. Ehrlich gesagt verstand ich nicht wirklich, was an diesem alten und fast kaputten Buch so großartig sein sollte.

Den Professor schien meine Meinung nicht sehr zu interessieren. Er war mit seinem neuen Buch beschäftigt, welches er in seinen Händen wie ein neugeborenes Baby hielt.

„Ist es nicht wunderschön? Einfach nur wunderschön. Es ist schon so alt und trotzdem ist es in einem so guten Zustand. Wie leicht es in den Händen liegt und wie weich und glatt die Seiten sind. Nach sieben Jahrhunderten hat es kaum einen Schaden und sieht besser aus als so manches Buch in der Universitätsbibliothek. Ich bin so glücklich, dass ich es gefunden habe. Welch ein Glück!"

Weil ich nicht wusste, was ich sagen oder machen sollte, fragte ich den Professor nach dem Titel und dem Inhalt des Buches. Auch wenn diese Informationen mich eigentlich überhaupt nicht interessierten. „Wie ist denn der Titel deines großartigen Buches? Und vor allem, welches Thema behandelt es? Ist es ein Buch über Geologie?", fragte ich ihn.

„Dieses Buch, mein lieber Neffe, ist die *Heimskringla* von

Snorro Sturleson. Er war der berühmteste Historiker in Island im zwölften Jahrhundert. Das Buch handelt von den Fürsten, die auf Island herrschten. Ein einzigartiges Exemplar, das mir da in die Hände gefallen ist."

„Wirklich? Das ist ja interessant! Welch ein Glück, dass es einen so würdigen, neuen Besitzer gefunden hat.", antwortete ich mit gespieltem Interesse und Begeisterung. „Und natürlich hattest du auch Glück und es ist eine deutsche Übersetzung? So weit ich weiß, sprichst du schließlich kein Isländisch oder täusche ich mich?"

„Was will ich mit einer Übersetzung, Neffe? Eine Übersetzung verliert oft die wichtigsten Elemente und Bilder eines Textes, weil es schwierig ist, von einer Sprache in die andere zu übersetzen. Natürlich ist das Buch in isländisch. Und wie du sicher weißt, ist das Isländische eine wunderschöne Sprache, voll mit Bildern, Rhythmus und Klang. Wer würde da schon eine Übersetzung wollen? Am schönsten ist immer das Original!"

„Natürlich hast du Recht, liebe Onkel! Wer würde schon eine Übersetzung wollen?", rief ich in meiner Gleichgültigkeit, um gleich darauf naiv zu bemerken: „Und wie schön sind die Buchstaben!"

„Buchstaben? Was willst du mit Buchstaben sagen, Neffe? Denkst du, dass das Buch gedruckt ist? Nein, du Dummkopf, es ist ein Manuskript, welches mit Runen geschrieben wurde."

„Runen?"

„Runen! Muss ich dir erklären, was Runen sind? Was lernt ihr heute eigentlich in der Schule?"

„Natürlich weiß ich, was Runen sind.", antwortete ich beleidigt.

Aber es war für meinen Onkel nicht wirklich von Bedeutung, ob ich es wusste oder nicht. Für ihn war es eine willkommene Gelegenheit mich mit einem seiner geliebten Monologe zu erleuchten.

„Runen waren Zeichen mit denen man in den alten Zeiten in Island geschrieben hat. Und das schon lange Zeit bevor man begann mit Buchstaben Bücher zu drucken. Man sagt, dass Odin, der Gott der Wikinger, die Zeichen selbst erfunden hat! Komm her und schau dir die göttlichen Zeichen in diesem Buch an."

Anstatt zu antworten, entschied ich mich dafür, auf meine Knie zu fallen. Eine Antwort, die sowohl den Göttern als auch den Königen gefällt.

Doch plötzlich passierte etwas Unerwartetes. Aus dem Buch fiel ein altes, schmutziges Stück Pergament auf den Boden. Nach einem kurzen Moment der Überraschung stürzte sich mein Onkel voller Gier auf das Pergament. Ein altes, schmutziges Stück Papier musste in seinen Augen schließlich entweder enorm wertvoll sein oder ein Geheimnis enthalten oder vielleicht sogar beides! Vorsichtig hob er das Stück Papier auf und legte es auf den Tisch. Es war ein paar Mal gefaltet und deshalb begann er vorsichtig das Papier auseinander zu falten. Das Papier war ungefähr 10 cm lang und 6 cm breit und darauf konnte man mehrere Zeilen mit eigenartigen Zeichen erkennen.

„Es sind auf jeden Fall Runen.“, sprach der Professor, nachdem er das Pergament eine Weile betrachtet hatte. Sie sehen genauso aus wie die Runen im Buch von *Snorro*. Aber ich habe keine Idee, was der Text bedeuten könnte.“

Da es nicht oft vorkam, dass der Professor etwas nicht verstand, machte mir dieser Satz sogar ein bisschen Freude. Manchmal ist es einfach schön zu wissen, dass sogar die klügsten Köpfe von Zeit zu Zeit keine Ahnung haben. Und der Professor war sicher einer der intelligentesten Menschen unserer Zeit. Er sprach und verstand so viele Sprachen und Dialekte, dass es zu lange dauern würde, diese hier alle auf zu zählen. Doch diese eine, für diesen Text so wichtige, Sprache hatte er nicht gelernt. Ich konnte in seinem Gesicht sehen, wie er immer wütender und zorniger wurde und wartete ängstlich darauf, dass er im nächsten Moment wieder einmal explodieren würde. Es gab nur eine Sache, die er mehr hasste als zu warten und das war, wenn er etwas nicht wusste und ein Problem nicht lösen konnte.

Plötzlich klopfte es an der Tür und Martha kam herein: „Das Mittagessen ist fertig. Kommen Sie bitte, ansonsten wird das Essen kalt."

„Zum Teufel mit dem Mittagessen und mit der Köchin dazu.", schrie mein Onkel wütend und Martha drehte sich schnell um und rannte zurück in die Küche. Dies schien mir eine gute Idee. Ich rannte ihr schnell hinter her und ließ meinen Onkel allein in seiner Wut und seinem Arbeitszimmer zurück. Ich setzte mich an den Tisch und begann zu essen. Martha hatte wieder immer ein leckeres Mittagessen zubereitet. Es gab eine Gemüsesuppe, ein saftiges Stück Fleisch mit Kartoffeln und Salat und zum Nachtisch einen süßen Fruchtsalat. Mein Onkel verpasste dieses köstliche Essen und erschien nicht zum Essen. Das alte Stück Pergament musste wirklich sehr wichtig für ihn sein. Ich fühlte mit ihm und beschloss ihn dadurch zu unterstützen, dass ich seine Portion aß. Schließlich war das Essen zu teuer und zu lecker, um es in den Müll zu werfen.

„Das ist kein gutes Zeichen. Das wird schlimm enden. Der Professor hat noch nie sein Essen verpasst. Ich glaube, wir sollten uns Sorgen machen.", prophezeite Martha.

Ich aß gerade meinen letzten Löffel Fruchtsalat, als mich ein lauter Schrei aus dem Arbeitszimmer unterbrach. Sofort sprang ich auf und rannte ins Arbeitszimmer.

Kapitel 3 – Das Pergament des Arne Saknussemm

„Ich habe keine Zweifel, dass der Text auf dem Pergament in Runen geschrieben ist.", sagte der Professor nachdenklich.

„Und ich werde herausfinden, was sein Geheimnis ist, sonst ..."

Und er schlug auf den Tisch, um klar zu machen, wie ernst er es meinte.

„Setz dich auf den Stuhl dort am Tisch und fang an zu schreiben."

So schnell ich konnte setzte ich mich auf den Stuhl am Tisch und war bereit.

„Ich werde dir jeden Buchstaben unseres Alphabets diktieren, wenn er mit einem dieser Zeichen übereinstimmt. Konzentrier dich und schreib genau das, was ich dir sage!"

Er begann mir einen Buchstaben nach dem anderen zu diktieren und ich versuchte, alles genau so notieren, wie er es mir sagte. Ich schrieb Buchstabe für Buchstabe auf ein Blatt Papier und nach einer Weile konnte man diesen seltsamen Text lesen:

m.rnlls esreuel seecJde

sgtssmf unteief niedrke

kt,samn atrateS Saodrrn

emtnaeI nuaect rrilSa

Atvaar .nxcrc ieaabs

ccdrmi eeutul frantu

dt,iac oseibo KediiI

Als ich fertig war, nahm mein Onkel schnell das Blatt in die Hand auf dem ich geschrieben hatte.

„Was könnte das bedeuten? Was könnte das bedeuten?

Was ist das Geheimnis dieses Textes?", wiederholte er mechanisch, immer und immer wieder.

Ich konnte ihm leider nicht helfen. Für mich war dieser Text ohne Sinn und Bedeutung. Aber meine Meinung schien ihn auch nicht zu interessieren. Ohne mich zu fragen sprach er weiter mit sich selbst:

„Es sieht wie ein Code aus. Wie eine Geheimschrift. Wer diesen Text geschrieben hat, wollte nicht, dass man ihn ohne Probleme lesen könnte. Wahrscheinlich muss ich herausfinden, auf welche Weise man die Buchstaben anordnen muss, um den Text lesen zu können. Aber was könnte mir dabei helfen, die richtige Reihenfolge heraus zu finden? Ich muss das Geheimnis dieses Textes lösen. Vielleicht spricht der Text von einer großen und wichtigen Entdeckung!"

Ich saß still und leise neben ihm und dachte mir nur, dass wahrscheinlich überhaupt nichts in diesem Text zu finden war und der Professor sowohl seine als auch meine Zeit verschwendete. Aber natürlich sagte ich ihm das nicht.

Der Professor nahm das Buch in die eine Hand und das Pergament in die andere und begann die beiden Texte zu vergleichen.

„Interessant...", murmelte er. „Diese beiden Texte wurden nicht von der gleichen Person geschrieben. Das Pergament wurde später als das Buch geschrieben. Das kann man ganz einfach erkennen, weil das Pergament den Buchstaben *mm* enthält, welcher vor dem vierzehnten Jahrhundert im isländischen Alphabet nicht benutzt wurde. Also ist das Pergament mindestens zwei Jahrhunderte älter als das Buch."

Ich muss zugeben, dass das ziemlich logisch klang. Ein kluger Kopf war er ja, der Professor!

„Das bedeutet, dass das Pergament von einem Besitzer dieses Buch geschrieben wurde. Aber wer zum Teufel war diese Person? Vielleicht hat er irgendwo im Buch seinen Namen hinterlassen."

Der Professor nahm eine starke Lupe aus einer Schublade seines Schreibtisches und begann wieder das Buch genau zu untersuchen. Auf der vorletzten Seite fand er etwas, das wie ein Tintenfleck aussah. Wenn man aber genauer hinsah, konnte man erkennen, dass er vor langer Zeit einmal Runen gewesen waren. Mein Onkel verstand sofort, dass diese Runen ihm helfen würden, dem Geheimnis näher zu kommen und untersuchte die Zeichen sorgfältig. Nach einigen Minuten sorgfältiger Untersuchung schrie er triumphierend:

„*Arne Saknussemm*! Das ist ein Name und vor allem ist es ein Name, den ich kenne. Es ist der Name eines isländischen Gelehrten des sechzehnten Jahrhunderts. Er war ein berühmter Alchemist!"

Ich sah meinen Onkel mit offenem Mund an.

„ Dieser Alchemist war einer der wenigen echten

Gelehrten in dieser Zeit. Er hat großartige Entdeckungen gemacht. *Saknussemm* hat bestimmt eine wichtige Entdeckung in diesem Text versteckt. Daran habe ich jetzt keine Zweifel mehr. Es kann nicht anders sein. Ganz bestimmt."

Um auch etwas Kluges beizutragen, fragte ich den Professor: „Das klingt ja alles logisch und interessant, lieber Onkel. Aber wenn dieser Alchemist eine wichtige Entdeckung gemacht hat, warum hat er sie nicht veröffentlicht? Warum hat er sie dann auf ein Pergament geschrieben und einem Buch versteckt? Wenn es eine so großartige Entdeckung war, warum wollte er sie geheim halten?"

„Warum? Warum? Woher soll ich das wissen? Hat es nicht Galileo genau so gemacht, weil er Angst vor der Kirche hatte? Aber mach dir keine Sorgen, lieber Neffe. Ich werde das Geheimnis des Dokuments lösen. Ich werde weder schlafen noch essen bis ich weiß, was dieser geheimnisvolle Text bedeutet. Und du auch nicht, Axel!", fügte er hinzu.

„Verflucht!", dachte ich. „Zum Glück habe ich heute Mittag viel gegessen. Wer weiß, wie lange es dauert, bis der Professor diesen Text verstanden hat."

„Zuerst müssen wir nun heraus finden, in welcher Sprache dieser Text geschrieben ist. Aber das wird nicht so schwer werden, denke ich. Sehen wir mal. Das Dokument enthält 132 Buchstaben, davon sind 79 Konsonanten und 53 Vokale. Das ist sehr typisch für südliche Sprachen, die deshalb sehr weich und melodisch klingen. Nördliche Sprachen benutzen mehr Konsonanten und klingen deshalb härter."

Das klang auch dieses Mal sehr logisch. Ich hatte schon Hoffnung, dass meine nächste Mahlzeit nicht lange auf sich warten lassen würde. Sobald der Professor die Sprache heraus gefunden hatte, würde es sicherlich nur eine Frage von Minuten sein, bis er den Inhalt des Texts übersetzen könnte.

„Nun lieber Onkel, welche Sprache ist es? Hast du schon eine Idee?"

„Dieser *Saknussemm* war ein sehr gebildeter und kluger Mann. Da er nicht in seiner Muttersprache geschrieben hat, muss es wahrscheinlich eine Sprache sein, die die gebildeten Menschen im sechzehnten Jahrhundert benutzten: Latein. Wenn es diese nicht ist, kann ich es noch mit Spanisch, Französisch, Italienisch, Griechisch oder Hebräisch versuchen. Aber eigentlich haben die Gelehrten des sechzehnten Jahrhunderts Latein benutzt, um ihre Texte zu schreiben. Deshalb vermute ich stark, dass der Text auf Latein geschrieben wurde. Das scheint mir das Logischste.

Ehrlich gesagt, konnte ich mir nicht vorstellen, dass diese eigenartige Folge von Buchstaben irgendetwas mit Latein zu tun haben könnte. Ich hatte lange Jahre die Sprache der großen Philosophen gelernt und genossen. Dieser Text hatte überhaupt nichts mit den sanften und klangvollen Versen zu tun, die ich lieben und schätzen gelernt hatte.

Der Professor nahm das Papier wieder in die Hand und begann es genau zu untersuchen.

„Auf den ersten Blick scheint dieser Text keinen Sinn zu ergeben. Aber ich bin sicher, dass man nur ein Muster finden muss, um die Buchstaben in die richtige Reihenfolge zu bringen. Vielleicht ist es etwas Mathematisches, ein Verhältnis oder eine simple Rechnung. Ich bin mir sicher, dass der originale Text normal geschrieben wurde und danach wurde ein Mechanismus benutzt, um diesen chaotischen Text zu erzeugen. Man muss nur den Schüssel zu seinem Geheimnis finden. Axel, weißt du etwas?"

Leider hatte ich keine Antwort auf diese Frage. Ehrlich gesagt, hatte ich die Frage nicht einmal gehört. Ich war mit meinen Gedanken an einem anderen Ort. Oder besser gesagt, bei einer anderen Person. An der Wand des Arbeitszimmers des Professor hing ein Bild von Gretchen. Gretchen war seit ein paar Wochen in Altona bei einer Verwandten und ich war, wenn ich ehrlich sein darf, ziemlich traurig darüber. Ich liebte Gretchen und sie liebte mich. Wir waren ein junges Paar voller Liebe, Träume und Zukunftspläne. Wir hatten uns schon vor einer Weile verlobt, ohne dem Professor etwas davon zu erzählen. Der Professor war zu sehr Geologe, um etwas von Emotionen zu verstehen oder überhaupt hören zu wollen. Gretchen war eine wunderschöne, junge Frau mit blonden Haaren, einem starken Charakter und sie war eine Frau, die wusste, was sie wollte. Oh, wie ich diese junge Frau liebte! Und wie ich sie vermisste! Jeder Tag ohne sie schien wie eine Ewigkeit und wollte nicht vergehen. Das Bild meiner geliebten Verlobten hatte mich deshalb aus der wirklichen Welt in die Welt der Träume und Erinnerungen entführt.

Gretchen war eine sehr intelligente Frau, die auch großes Interesse für die Geologie und Mineralogie zeigte. Wie viele Stunden hatten wir schon zusammen im Arbeitszimmer meines Onkels verbracht, während wir wertvolle Steine und seltene Mineralien ordneten und mit Etiketten beschrifteten. Gretchen wusste mehr über Mineralogie als viele Studenten meines Onkels und auch so mancher Gelehrte hätte von ihr etwas lernen können. Sie war eine Person, die vor schwierigen Fragen und Problemen keine Angst hatte, sondern Spaß dabei hatte ihren Kopf zu benutzen. Wie wunderschön das Studium von Steinen und Mineralien war, wenn man es mit einer geliebten Person verbringen konnte.

Nachmittags oder Abends, wenn wir mit unserer Arbeit fertig waren, gingen wir oft gemeinsam spazieren und verbrachten viel Zeit an einer schönen Stelle am Ufer der Elbe, wo man Schwäne und Enten füttern konnte, welche zwischen den weißen Seerosen herumschwammen. Für den Weg zurück nahmen wir danach meistens ein kleines Dampfschiff, welches uns wieder zurück nach Hause brachte.

Mit einem Schlag mit der Faust auf den Tisch holte mich mein Onkel zurück in die Wirklichkeit. Ich begriff, dass es Zeit war zu arbeiten.

„Sehen wir, ob es einen Nutzen bringt, wenn wir die Wörter anstatt horizontal vertikal schreiben. Das ist die erste Idee, die mir einfällt. Axel, schreib' irgendeinen Satz auf einen neuen Zettel, aber anstatt die Buchstaben nebeneinander zu schreiben, schreib' sie untereinander. Und mach mit den Buchstaben Gruppen von 5 bis 6 Zeichen."

Ich begriff sofort, was der Professor von mir wollte und begann von oben nach unten zu schreiben.

„Gut", sagte der Professor, ohne das Geschriebene gelesen zu haben, „Jetzt schreibe diese Worte horizontal in einer Linie."

Ich schrieb die neu entstandenen Wörter in einer Linie und bekam dieses Resultat:

Iermtt chdzeech lilise ichinGn ehchgr! be,ue

„Hervorragend!", rief mein Onkel freudig und riss mir den Zettel aus der Hand. „Das sieht aus wie der Text auf dem Pergament von *Saknussemm*! Selbst die Großbuchstaben und das Komma sind in der Mitte des Satzes. Ich glaube, dass wir des Rätsels Lösung sehr nahe sind, Axel!"

Auch dieses Mal muss ich sagen, dass mich seine Logik überzeugte.

„Theoretisch muss ich jetzt nur die Buchstabe in die richtige Reihenfolge bringen und ich kann lesen, was du vorher geschrieben hast. Das heißt, ich nehme zuerst den ersten Buchstaben von jedem Wort, dann den zweiten, dann den dritten, usw.."

Und zu meiner und seiner großen Überraschung las mein Onkel:

„Ich liebe dich herzlich, mein gutes Gretchen!"

Ja, ohne es zu wollen, hatte ich diese verräterischen Zeilen geschrieben und dem Professor unser Geheimnis verraten! Ängstlich wartete ich auf seine Reaktion.

„So, so! Du liebst Gretchen?", fragte mein Onkel in einem ziemlich strengen Ton.

„Ja…Nein…Vielleicht…Nein…Ja…", stotterte ich.

„Du liebst also Gretchen!", sagte er noch einmal. Nun gut, machen wir weiter mit den wichtigen Dingen. Benutzen wir die Methode mit dem Dokument."

Mein Onkel war schon wieder so beschäftigt mit dem Dokument, dass er meinen verräterischen Satz schon vergessen hatte. Gott sei Dank! Nichts hätte ich weniger gewollt, als eine Diskussion über das Thema mit dem Professor zu führen. Das Thema Liebe war ein Thema, dass ein Kopf wie der des Professors nicht begreifen konnte und es war klüger dieses Thema nicht mit ihm zu diskutieren. Aber zum Glück war das Dokument im Moment von größerer Wichtigkeit.

Mit zitternder Hand nahm der Professor das Pergament in die Hand. Er war sich sicher, dass er nun das Geheimnis des alten Texts erfahren würde. Mit feierlicher Stimme diktierte er mir Buchstabe für Buchstabe in der vermuteten richtigen Reihenfolge. Konzentriert notierte ich das Diktierte.

„Das macht alles keinen Sinn! Verflucht!", schrie mein Onkel. „Das ist immer noch ein sinnloser Text. Was mache ich nur falsch? Ich muss dieses Rätsel lösen."

Danach stand er auf und rannte zur Tür hinaus, ohne zu sagen wohin er wollte.

Kapitel 4 – Lösung des Geheimnisses

„Er hat das Haus verlassen!", rief Martha, die in diesem Moment in das Arbeitszimmer herein kam. „Er muss sehr wütend gewesen sein, so laut hat er die Tür zu geschlagen."

„Ja, er hat das Haus verlassen.", antwortete ich. „Und ja, er war sehr, sehr wütend."

„Aber er muss doch Hunger haben! Was mache ich jetzt mit seinem Mittagessen?"

„Er wird nicht zu Mittag essen!"

„Dann werde ich anfangen, sein Abendessen zu zu bereiten."

„Er wird auch nicht zu Abend essen."

„Wie bitte? Habe ich richtig verstanden?", fragte Martha verwirrt.

„Ja, du hast richtig verstanden. Der Professor wird nicht mehr essen bis er das Geheimnis aus seinem alten Buch gelöst hat. Niemand in diesem Haus wird etwas essen, hat er gesagt, um genau zu sein. Wir werden alle hungern bis mein Onkel heraus gefunden hat, was auf diesem alten Pergament geschrieben steht. Und im Moment scheint es, dass er nicht einmal die kleinste Idee hat, wie er das Rätsel lösen könnte."

„Oh mein lieber Gott!", rief Martha. „Das heißt, dass wir alle vor Hunger sterben werden!"

Ich wollte das eigentlich nicht zugeben, aber das war wirklich eine Möglichkeit. Möglicherweise war es sogar wahrscheinlich. Wenn der Professor etwas sagte, dann meinte er es normalerweise auch.

Man konnte sehen, dass die gute, alte Martha ziemlich beunruhigt war als sie zurück in ihre Küche ging. Und wahrscheinlich war sie es mit gutem Grund.

Ich blieb allein im Arbeitszimmer zurück und dachte darüber nach, was ich machen könnte. Wie gern würde ich zu Gretchen gehen und ihr alles erzählen. Sie wüsste sicher, was man tun könnte, um diese verrückte Situation zu einem guten Ende zu bringen. Aber wie könnte ich das Haus verlassen? Der Professor könnte in jedem Moment nach Hause kommen. Was würde passieren, wenn er mich rief und ich nicht im Haus wäre, um ihm zu antworten? Das würde wahrscheinlich kein gutes Ende nehmen. Nein, das Klügste war es im Haus zu bleiben und auf ihn zu warten. Vor ein paar Tagen hatte uns ein befreundeter Mineraloge seine Sammlung Steine geschickt, weil wir sie klassifizieren sollten. Ich entschied, mit dieser Arbeit zu beginnen bis der Professor wieder zurück kommen würde. Ich sortierte, ich machte Etiketten, ich ordnete die Steine und ich legte sie sauber in ihre Kiste zurück.

Aber diese Arbeit war keine große Hilfe, um mich ernsthaft zu beschäftigen. Ich konnte nicht aufhören über das alte Dokument nach zu denken. Etwas an diesem Pergament und seinem Geheimnis beunruhigte mich. Ich hatte das Gefühl, dass uns eine Katastrophe vor der Tür stand.

Nach ungefähr einer Stunde war ich mit meiner Arbeit fertig und ich setzte mich in einen großen und bequemen Sessel, um mich ein bisschen auszuruhen. Ich nahm meine Pfeife, füllte sie mit Tabak und zündete sie an. Ich versuchte mich zu entspannen. Bis zu diesem Moment war es ein stressiger Tag gewesen und mein Kopf begann zu schmerzen. Ich schloss meine Augen und versuchte meine Gedanken zu ordnen. Von Zeit zu

Zeit hörte ich, ob mein Onkel nach Hause kam. Aber es war nichts zu hören. Wo war mein Onkel nur hingegangen? In meinen Gedanken sah ich ihn die Allee entlang gehen, wütend gegen Steine treten und die schönen Blumen auf dem Weg kaputt machen. Wenn mein Onkel wütend war, war er einfach ein Monster, welches man nur schwer aufhalten konnte.

Würde er das Geheimnis gelöst haben, wenn er nach Hause käme? Oder hätte er schon die Lust verloren und beschlossen, dass es eigentlich Wichtigeres zu tun gäbe? Aber eigentlich war mein Onkel niemand, der so schnell aufgab und den Mut verlor. Und vor allem schien dieses Dokument für ihn von großer Bedeutung zu sein. Nein, aufgeben würde er nicht so schnell. Ohne darüber nach zu denken, nahm ich das alte Pergament in die Hände und betrachtete die von mir geschriebenen Zeilen.

„Was bedeutet das? Was bedeutet das?", sagte ich leise zu mir selbst.

Ich versuchte mit den Buchstaben neue Gruppen zu bilden und hoffte sinnvolle Wörter zu finden. Unmöglich. Natürlich schaffte ich es, verschiedene Wörter aus verschiedenen Sprachen zu bilden, was aber bei einer so großen Zahl an Buchstaben auch nicht überraschend war. Ich fand Wörter aus dem Französischen, Hebräischen, Latein und sogar dem Deutschen! Aber das half alles nichts. Ich konnte keinen Sinn in diesem Dokument finden. Langsam wurde ich müde und die Buchstaben begannen, um meinen Kopf herum zu tanzen. Ohne darüber nach zu denken, begann ich das Pergament wie einen Fächer zu benutzen, um mich mit frischer Luft zu versorgen. Durch das Fächern sah ich einmal die Rückseite und einmal die Vorderseite des Blattes und auf einmal hatte ich den Eindruck, dass ich ein paar klar lesbare lateinische Wörter gesehen hatte, zum Beispiel „*craterem*" und „*terrestre*".

Was es möglich, dass das die Lösung des Rätsels war? Ich konnte es kaum glauben, aber es war wirklich so. Das einzige, was man tun musste, um den geheimnisvollen Text lesen zu können, war das Papier hin und her zu bewegen. Alle Ideen, die der Professor vor ein paar Stunden gehabt hatte, waren korrekt. Die Reihenfolge der Buchstaben war richtig und auch die Sprache. Man brauchte nur eine kleine Information mehr, um das Dokument lesen zu können. Und ich hatte diese Information zufällig gefunden!

Ich wusste nicht, ob ich weinen oder lachen sollte. Ich wusste nicht, ob es eine gute oder eine schlechte Nachricht war, dass ich das Geheimnis herausgefunden hatte. Dort lag es auf dem Tisch, das Dokument, und ich musste nur einen Blick darauf werfen, um den Text verstehen zu können.

Ich wollte meine Nerven beruhigen und entschied ein bisschen im Zimmer im Kreis zu gehen. Ich atmete tief ein und tief aus, tief ein und tief aus. Dann setzte ich mich wieder in den Sessel und nahm das Dokument in meine zitternden Hände. Ich atmete noch einmal tief ein und sagte dann zu mir:

„Ich werde jetzt diesen Text lesen und herausfinden, was sein Inhalt ist."

Ohne Schwierigkeiten las ich Buchstabe für Buchstabe den Satz mit lauter Stimme. Ich hatte kaum angefangen zu lesen, da war der Satz auch schon zu Ende. Aber welch schrecklicher Inhalt! Ich fühlte wie eine tiefe Angst langsam meinen ganzen Körper füllte und ich panisch wurde.

„Der Professor darf nicht wissen, was in diesem Text steht. Ich muss das Dokument vernichten. Sofort! Wenn mein Onkel diese Zeilen liest, wird er eine Reise machen wollen! Ohne Zweifel wird er an diesen Ort reisen wollen. Nichts könnte ihn aufhalten. Und er wird mich mitnehmen wollen! Er wird mir keine andere Möglichkeit lassen als ihn zu begleiten. Und wir werden nie wieder zurück kehren! Nie wieder! Niemals!"

Ich hatte völlig den Kopf verloren.

„Nein! Nein! Das wird nicht passieren. Ich kann ihn aufhalten! Jetzt ist der Moment. Ich habe die Gelegenheit, den Tyrannen zu stoppen und mein Leben zu retten. Mein Leben!

Wenn ich es nicht tue, wird er sein und mein Leben riskieren! Ich muss das Dokument vernichten. Auch wenn er den Inhalt des Texts noch nicht kennt, so ist das Risiko doch zu groß, dass er durch Zufall das Papier hin und her bewegt und die Lösung heraus findet. Ich werde es im Kamin verbrennen!", schrie ich hysterisch, dem Wahnsinn nah.

Ich nahm das Papier und ging schnell zum Kamin. Im Kamin brannte noch ein kleines Feuer. Gerade wollte ich das Papier in das Feuer werfen und das gefährliche Geheimnis für immer vernichten, da öffnete sich die Tür und mein Onkel kam ins Zimmer herein.

Ende der Leseprobe Classics simplified for Language-Learners: „Die Reise zum Mittelpunkt der Erde"

Magst du die Geschichte? Du findest das Buch bei Amazon!

Leseprobe: Die Schatzinsel

aus der Serie **Classics simplified for Language Learners** von Dominik Wexenberger

Teil 1 - Der alte Pirat
Kapitel 1 – Der alte Pirat im „Admiral Benbow"

Da die Herren Trelawney, Dr. Livesay und die anderen Männer mich gebeten haben, die Geschichte über die Schatzinsel von Anfang bis Ende aufzuschreiben und nichts zu vergessen, möchte ich im Jahr 1728 mit meiner Geschichte beginnen. Ich werde die ganze Geschichte und alle Details erzählen. Nur eine Sache werde ich nicht sagen. Ich werde nicht erzählen, wo die Schatzinsel zu finden ist, weil es dort immer noch viel Schätze zu finden gibt.

Die Geschichte beginnt im Gasthaus meines Vaters „Zum Admiral Benbow". Zu dieser Zeit wohnte ein alter Pirat in einem der Zimmer. Ich werde diesen Mann nie vergessen. Ich erinnere mich gut an den Tag, als er im Gasthaus ankam. Er war groß und breit, von der Sonne braun gebrannt, seine Kleidung schmutzig. Er hatte eine große Narbe auf der Backe. Er war ohne Zweifel stark betrunken und hatte nicht nur ein Glas Rum zu viel getrunken. Plötzlich begann er zu pfeifen und sah auf das Meer hinaus. Dann begann er zu singen. Es war ein Lied, das ich später noch viele Male hören würde:

Fünfzehn Mann auf des toten Manns Kiste,

Jo-ho-ho und eine Flasche voll Rum,

Schnaps stand immer auf jeder Höllenfahrtliste,

Jo-ho-ho und eine Flasche voll Rum.

Dann klopfte er laut an die Tür und als mein Vater kam, bestellte er ein Glas Rum und trank es, während er wieder nachdenklich auf das Meer hinaus sah.

„Ich mag diesen Ort hier", sagte er schließlich, „und dein Gasthaus ist auch in Ordnung. Der Rum ist hervorragend. Hast du viele Gäste, Kamerad?"

„Nein, leider habe ich nur wenige Gäste.", antwortete mein Vater.

„Sehr gut!", rief der Mann darauf. „Jetzt hast du einen Gast und ich werde hier für eine Weile bleiben. Hey, Junge! Bring meinen Koffer hierher! Schnell! Ich habe nicht den ganzen Tag Zeit!", schrie er laut in Richtung eines Jungens, der seinen Koffer trug. „Ich bin ein einfacher Mann und werde dir keine Arbeit machen. Ich brauche nicht mehr als Rum, Speck und Eier und diesen Hügel dort oben, damit ich die ankommenden und abfahrenden Schiffe beobachten kann. Mein Name ist nicht wichtig, für dich bin ich einfach der Kapitän. Hier hast du ein bisschen Gold. Ich denke, dass das für die erste Zeit genug sein sollte." Er warf drei oder vier Goldstücke auf den Tisch. „Sag mir einfach, wenn du mehr willst."

Obwohl er so schmutzig aussah, seine Kleidung alt und kaputt war und seine Art zu sprechen ziemlich rau war, sah man, dass er kein einfacher Seemann war. Vielleicht war er der Kapitän eines kleinen Schiffes und hatte eine kleine Mannschaft. Der Junge, der seinen Koffer trug, sagte mir, dass er den alten Mann einen Tag vorher am Posthaus getroffen hatte und dass dieser nach den Gasthäusern in der Nähe gefragt hatte. Die Leute hatten dem Mann erzählt, dass das Essen in unserem Gasthaus gut und die Übernachtung billig war und es hier wenige Gäste gab. Das schien den alten Mann überzeugt zu haben und er war hierher gekommen. Das war alles, was wir über ihn herausfinden konnten.

Normalerweise war er ein sehr ruhiger und stiller Gast. Während dem Tag war er draußen und beobachtete mit seinem langen Fernrohr das Meer und die Schiffe. Am Abend saß er neben dem Feuer im Gasthaus und trank starken Rum. Meistens sagte er kein Wort und antwortete nicht einmal, wenn jemand versuchte mit ihm zu sprechen. Er schaute nur böse und machte ein Zeichen, dass man wieder gehen solle. Deshalb ließen wir und auch die Gäste ihn in Ruhe. Jeden Tag fragte er abends als er in das Gasthaus zurückkam, ob ein anderer Seemann in das Gasthaus gekommen war. Wir dachten, dass er vielleicht einen Freund suchte, aber später bemerkten wir, dass er nicht gesehen werden wollte. Wenn zum Beispiel ein neuer Gast im Gasthaus war, versteckte sich der alte Mann hinter dem Vorhang und beobachtete ihn für eine Zeit. Danach setzte er sich auf seinen Stuhl neben dem Feuer und sagte kein Wort. Ich wusste, auf wen er wartete oder besser gesagt, wen er nicht sehen wollte. Eines Tages hatte er mich gefragt, ob ich ihm helfen wolle. Er hatte mir vier silberne Pfennige am ersten Tag jedes Monats versprochen, wenn ich ihm helfen würde. Meine Arbeit war einfach. Ich musste nur die Augen offen halten und ihn sofort informieren, wenn ich einen Mann mit nur einem Bein sehen würde. Wenn ich dann am ersten Tag des Monats zu ihm ging, um meine silbernen Pfennige abzuholen, wurde er wütend und ich rannte schnell in mein Zimmer und versteckte mich. Aber normalerweise überlegte er es sich in den nächsten Tagen, brachte mir das Geld und sagte mir, dass ich weiter die Augen offen halten sollte.

Dieser eigenartige Mann mit einem Bein ließ mich nicht in Ruhe. Ich träumte sogar von ihm. Wenn das Wetter nachts schlecht war und der Sturm und der Regen so laut waren, dass ich kaum schlafen konnte, sah ich ihn immer und immer wieder. Einmal war das Bein an seinem Knie abgeschnitten und ein anderes Mal hatte er das ganze Bein verloren. In meinen Albträumen verfolgte er mich und ich musste so schnell ich konnte rennen, um nicht von ihm gefangen zu werden. Die vier silbernen Pfennige waren ein kleiner Preis für diese schlaflosen Nächte.

Aber obwohl mir die Idee vom Seemann mit einem Bein so viel Angst machte, hatte ich vor dem Kapitän kaum Angst. Manchmal trank er abends zu viel Rum und begann seine Seemannslieder zu singen, ohne sich für die anderen Gäste zu interessieren. Oder an anderen Tagen bestellte er Rum für alle anderen Gäste und die Gäste mussten sich eine Geschichte von ihm erzählen lassen oder mit ihm singen. Alle sangen mit ihm, einer lauter als der Andere, weil sie alle Angst vor ihm hatten. Und so hörte man im halben Dorf das Lieblingslied des alten Seemanns:

„Jo-ho-ho und eine Flasche voll Rum."

Der alte Kapitän war gefährlich, wenn er zu viel Rum getrunken hatte und betrunken war. Er schlug mit voller Kraft auf den Tisch, weil er plötzlich Ruhe wollte oder wurde wütend, weil ihn jemand etwas fragte oder nicht fragte und er deshalb der Meinung war, dass die Gäste sich nicht für seine Geschichte interessierten. Niemand konnte ins Bett gehen oder das Gasthaus verlassen, solange er nicht selbst müde war und ins Bett gehen wollte.

Mehr als vor dem Kapitän hatten die Leute vor seinen Geschichten Angst. Es waren Piratengeschichten von Stürmen, Kämpfen, Mord und Raub. Wenn man seinen Geschichten glauben wollte, hatte er sein Leben mit den bösesten Menschen verbracht, die man auf dem Land und auf dem Meer finden konnte. Mein Vater hatte schon Angst, dass er bald keine Gäste mehr haben würde, weil der alte Mann sie so tyrannisierte. Schließlich waren es einfache Leute vom Land, die in unserem Gasthof ihr Bier nach der Arbeit tranken. Ich dachte aber eher, dass der Kapitän gut für das Gasthaus war und die Leute kamen, um ihm zuzuhören. Das Leben hier im Dorf war langweilig und grau und die Abende mit dem Kapitän machten ihr tägliches Leben interessanter.

Auf der anderen Seite hatte der alte Mann bald kein Geld mehr. Er wohnte schon seit einigen Monaten in unserem Gasthaus und konnte meinen Vater nicht mehr bezahlen. Aber mein Vater hatte zu viel Angst vor ihm, um ihm sein Zimmer wegzunehmen und ihn auf die Straße zu setzen. Und wenn er es versuchte, sah ihn der Kapitän wütend an, schlug laut auf den Tisch und schrie, dass er ihn bald bezahlen würde. Mein Vater rannte danach nur so schnell er konnte aus dem Zimmer und versteckte sich in der Küche.

Solange der Kapitän in unserem Gasthaus lebte, trug er immer die gleiche Kleidung und dachte nicht daran, sie einmal zu waschen. Wenn seine Kleidung ein Loch hatte, nahm er Nadel und Faden und versuchte sie selbst zu reparieren. Er schrieb nicht und bekam auch keine Briefe und wenn er nicht betrunken war, sprach er auch mit keinem Menschen. Und was er in seinem großen Koffer transportierte, war sein Geheimnis. Er war immer verschlossen und niemand wusste, was in ihm war.

Ich erinnere mich nur an eine einzige Situation, in der eine andere Person keine Angst vor dem Seemann zeigte. Es war zu der Zeit, als mein Vater schon so krank war, dass sein Leben nicht mehr lange dauern würde. Dr. Livesay war an einem Nachmittag in das Gasthaus gekommen, um meinen kranken Vater zu besuchen und meine Mutter servierte ihm gerade etwas zu essen. Der alte Kapitän saß auf seinem Stuhl und war schon stark betrunken. Die beiden Männer konnten nicht unterschiedlicher sein. Auf der einen Seite der stinkende, schmutzige, alte Mann und auf der anderen Seite der saubere, gut riechende und junge Doktor. Plötzlich begann der alte Seemann wieder zu singen:

Fünfzehn Mann auf des toten Manns Kiste,

Jo-ho-ho und eine Flasche voll Rum,

Schnaps stand immer auf jeder Höllenfahrtliste,

Jo-ho-ho und eine Flasche voll Rum.

Am Anfang hatte ich immer gedacht, dass der Kapitän von seinem eigenen Koffer sprach, wenn er von *„des toten Manns Kiste"* sprach. In meinen Albträumen war der Koffer der Grund, warum der Mann mit einem Bein den alten Mann suchte. Aber nach so vielen Wochen und Monaten interessierte das Lied niemanden mehr. Nur Doktor Livesay hatte das Lied noch nicht gehört, aber es schien ihn mehr zu stören als zu gefallen. Er sprach mit dem Gärtner Taylor über seine Rückenprobleme und Möglichkeiten, um ihm zu helfen. Der Kapitän sang und sang und schien nicht aufhören zu wollen. Dann plötzlich schlug er wieder einmal mit der Hand auf den Tisch, das Zeichen, dass die anderen Gäste jetzt leise sein mussten. Alle Gäste schwiegen sofort und sagten kein Wort mehr. Nur der Doktor sprach weiter mit dem Gärtner und rauchte seine Pfeife. Der Kapitän beobachtete ihn eine Weile, dann schlug er wieder auf den Tisch, sah ihn immer wütender an und schließlich schrie er laut: „Seien Sie endlich still! Wie oft muss ich noch auf den Tisch schlagen?"

„Sprechen Sie mit mir, Herr?", sagte der Doktor. „Hören Sie mir gut zu. Lassen Sie den vielen Rum, bevor es zu spät ist. Die Welt wäre möglicherweise besser, wenn ein schmutziger und stinkender Hund weniger in ihr leben würde, aber das entscheidet der liebe Gott."

Der alte Kapitän wurde fürchterlich wütend und zog ein Messer aus seiner Hosentasche. Er stand auf und ging auf den Doktor zu.

Der Doktor bewegte sich nicht einmal ein bisschen. Ruhig und laut, damit ihn jeder Gast im Raum hören konnte, sprach er schließlich:

„Wenn Sie das Messer nicht sofort wieder in ihrer Hosentasche verschwinden lassen, garantiere und schwöre ich

Ihnen, dass Sie spätestens in einer Woche am Galgen hängen werden."

Die beiden Männer sahen sich lange in die Augen, aber der Kapitän hatte wahrscheinlich verstanden, dass der Doktor die falsche Person war, um einen Streit zu beginnen und setzte sich wieder auf seinen Stuhl wie ein geschlagener Hund.

„Und mein Herr", begann der Doktor wieder zu sprechen, „ich werde Sie beobachten lassen. Ich mag es nicht, wenn schlechte Menschen wie Sie es sind in meiner Gegend sind. Wenn ich höre, dass Sie nur das kleinste Problem machen, werde ich wieder kommen und diesen Tag werden Sie nicht vergessen. Denken Sie an meine Worte und vergessen Sie sie nicht!"

Danach nahm der Doktor seinen Mantel und verließ das Gasthaus. Der Kapitän sagte an diesem Abend kein Wort mehr und auch an den nächsten Abenden hörte man ihn nicht mehr sprechen.

Kapitel 2 – Der schwarze Hund kommt und verschwindet wieder

Einige Wochen später passierte die erste von mehreren eigenartigen Geschichten, die am Ende der Grund dafür waren, dass der alte Pirat das Gasthaus verließ. Es war Winter und oft so kalt, dass die Leute nicht mehr aus dem Haus gingen. Meinem Vater ging es immer schlechter und es war klar, dass er wahrscheinlich nicht mehr lange leben würde. Meine Mutter und ich arbeiteten alleine im Gasthaus und hatten so viel Arbeit, dass uns der alte Seemann kaum interessierte.

Es war ein kalter Morgen im Januar, die Sonne war gerade aufgegangen und das Meer war ruhig und sanft. Der Kapitän war früher als normalerweise aufgestanden und machte einen Spaziergang zum Meer hinunter. In der einen Hand hatte er sein langes Fernrohr und in der anderen Hand trug er ein langes Piratenmesser. Ich beobachtete ihn eine Weile bis er bei einem großen Felsen abbog und ich ihn nicht mehr sehen konnte.

Meine Mutter war gerade im Zimmer meines Vaters und ich deckte den Tisch für das Frühstück des Kapitäns, als sich die Tür öffnete und ein Mann herein kam. Ich hatte den Mann noch nie in meinem Leben gesehen. Er war schmutzig und stank und ich sah, dass ihm an einer Hand zwei Finger fehlten. Er sah nicht aus wie ein Seemann, aber ich hatte trotzdem den Eindruck, dass er einer war.

„Guten Morgen, mein Herr. Wie kann ich Ihnen helfen? Möchten Sie etwas trinken oder brauchen Sie ein Zimmer für die Nacht?", fragte ich ihn.

„Bring mir einen Rum, Junge. Mehr brauche ich nicht."

Ich wollte gerade in die Küche gehen, um den Rum zu holen, da rief er mich noch einmal:

„Warte! Komm her, Junge. Ich möchte mit dir sprechen."

Ich blieb stehen und beobachtete ihn aus sicherer Entfernung.

„Für wen hast du den Tisch gedeckt und das Frühstück vorbereitet? Für meinen Maat Bill vielleicht?", fragte er mich.

„Es tut mir leid, Herr, aber ich kennen keinen Maat Bill. Ich habe den Tisch für einen Herr gedeckt, der hier im Haus wohnt. Aber er sagt immer, dass sein Name Kapitän ist.", antwortete ich.

„Ich denke, das ist der Mann, den ich suche, Junge. Aber er ist kein Kapitän. Er hat eine große Narbe auf der Backe, nicht wahr? Er trinkt viel zu viel Alkohol und macht immer Probleme, wenn er betrunken ist. Also, kennst du meinen Maat Bill?", fragte der Mann zum zweiten Mal.

„Ja, Herr, er ist draußen und macht einen Spaziergang.", antwortete ich.

„Einen Spaziergang? Wohin ist er gegangen? Kannst du mir den Weg zeigen?"

Ich zeigte mit dem Finger in Richtung des Felsens, wo ich den Kapitän vorher gesehen hatte.

„Ich denke, dass er bald zurück kommen wird."

Ich antwortete noch auf ein paar weitere Fragen des Mannes. Dann sagte er:

„Weißt du was, Junge? Ich glaube, dass mein Maat Bill sicher gern ein Glas Rum trinken wird, wenn er zurück kommt!"

Als er diese Worte sagte, sah ich in seinem Gesicht keine Freundlichkeit und ich war mir sicher, dass der Kapitän sich nicht freuen würde, diesen Mann zu sehen. Aber es war eigentlich auch nicht mein Problem und ich wusste auch nicht, was ich machen sollte. Der Fremde wartete an der Tür des Gasthauses, wie eine Katze, die wartet, dass eine Maus aus ihrem Loch kommt. Ein bisschen später wollte ich auf die Straße hinaus gehen, aber der fremde Mann rief mich sofort zurück. Scheinbar kam ich nicht schnell genug zurück und er schrie noch einmal mit lauter Stimme:

„Verflucht noch mal, Junge! Komm hierher und verlass das Haus nicht!"

Als ich wieder im Haus war, sah er mich mit einem hässlichen

Lächeln an und klopfte mir auf die Schulter:

„Ich mag dich, Junge. Du bist in Ordnung. Ich habe auch einen Sohn. Er ist ungefähr so alt wie du. Ich bin sehr stolz auf ihn. Aber ein Junge muss Disziplin haben! Es ist nicht gut, wenn man die Dinge zwei Mal sagen muss."

Er sah wieder zur Tür hinaus und machte dann einen Schritt zurück, in das Gasthaus hinein.

„Mein Maat Bill kommt! Überraschen wir ihn! Komm hierher, Sohn! Und kein Wort!"

Wir versteckten uns hinter der offenen Tür und der Kapitän konnte uns so von draußen nicht sehen. Die Situation gefiel mir nicht und ich hatte ein bisschen Angst, vor allem als ich sah, dass der Fremde ein großes Messer in der Hand hatte. Auch der fremde Mann war nervös, er atmete schnell und war sehr unruhig.

Dann endlich kam der Kapitän in das Gasthaus herein, schloss die Tür hinter sich und ging geradeaus zu seinem Tisch, wo das Frühstück auf ihn wartete.

„Bill."

Der Kapitän erschrak und drehte sich zu uns um. Er hatte keine Farbe mehr im Gesicht und er sah den Fremden an, als ob er einen Geist gesehen hätte. Es war offensichtlich, dass der Fremde nicht sein Freund war und er ihn nicht sehen wollte.

„Bill. Wie geht es dir? Kennst du mich noch? Freust du dich, deinen alten Freund und Kollegen wieder zu sehen? Wir haben uns lange nicht gesehen, nicht wahr.", sagte der fremde Mann.

Der Kapitän sah ihn an und sagte nichts. Scheinbar versuchte er zu überlegen, was er machen sollte.

„Schwarzer Hund!", sagte er endlich.

„Ich sehe, dass du meinen Namen noch weißt.", antwortete der Mann mit seinem hässlichen Lächeln auf den Lippen. „Dein alter Freund und Kollege Schwarzer Hund kommt dich im „Admiral Benbow" besuchen! Bill, Bill, erinnerst du dich an die Geschichte, als ich meine zwei Finger verloren habe?"

Er zeigte dem Kapitän seine Hand, an der die zwei Finger fehlten.

„Nun gut", sagte der Kapitän nach einer kurzen Pause, „du hast mich gefunden. Sag mir, was willst du hier?"

„Bill, Bill, ich sehe, du hast dich nicht verändert.", antwortete der Schwarze Hund. „Junge, bring mir ein neues Glas Rum und dann werden Bill und ich sprechen, direkt und ehrlich, wie alte Schiffskollegen miteinander reden sollten."

Ich rannte in die Küche, um den Rum zu holen. Als ich wieder zurück kam, saßen die beiden schon am Tisch. Der Kapitän saß auf der einen Seite und der Schwarze Hund saß auf der anderen

Seite, die näher an der Tür war. Der Kapitän hatte keine Möglichkeit das Haus zu verlassen.

„Gut, Junge, und jetzt verlass das Zimmer und lass die Tür offen. Und versuch nicht unserem Gespräch zu zu hören. Wenn ich bemerke, dass du uns zuhörst, garantiere ich dir, dass du ein Problem hast. Und jetzt raus hier!"

Natürlich versuchte ich mit aller Kraft etwas zu hören, aber die beiden Männer sprachen so leise, dass ich kein Wort verstand. Aber nach einer Weile sprachen sie lauter und ich hörte ein paar Wörter.

„Nein, nein, nein, auf keinen Fall!", hörte ich den Kapitän rufen. Und kurz danach: „Ich sage dir, wenn sie mich hängen wollen, dann hängen alle! Alle! Hast du verstanden?"

Dann plötzlich hörte ich nur noch Lärm und Tische und Stühle flogen durch das Zimmer. Ich hörte zwei Säbel, die gegeneinander schlugen, und einen lauten Schrei. Dann sah ich, wie der Schwarze Hund schnell aus dem Gasthaus hinaus rannte, eine blutende Wunde auf seiner linken Schulter. Der Kapitän hatte seinen Säbel in der Hand und rannte ihm hinterher. Der schwarze Hund war nicht schnell genug und der Kapitän erreichte ihn kurz vor der Straße. Er versuchte den schwarzen Hund mit seinem Säbel zu töten, aber dieser hatte Glück und der Kapitän schlug gegen das Schild von unserem Gasthaus. Noch heute kann man die Stelle sehen, wo das Säbel in das Holz geschlagen hat.

Der schwarze Hund sah seine Chance und rannte so schnell er konnte die Straße entlang. Ein paar Sekunden später war er verschwunden. Der Kapitän sah ihm hinterher und bewegte sich nicht. Dann drehte er sich um und ging ins Haus zurück.

„Jim", rief er, „Rum!"

Er hatte Probleme zu stehen und sah sehr schwach aus.

„Sind Sie verletzt? Brauchen Sie einen Arzt?"

„Rum! Bring mir Rum! Ich muss weg von hier! Schnell! Rum", schrie er weiter.

Ich rannte in die Küche, um den Rum zu holen. Ich war so aufgeregt und nervös, dass ich zwei Gläser auf den Boden fallen ließ. Als ich endlich in das Zimmer zurück kam, lag der Kapitän auf dem Boden und bewegte sich nicht mehr.

Meine Mutter hatte den Lärm gehört und kam die Treppe herunter gelaufen. Sie half mir, den Kapitän in eine bessere Position zu bringen und wir legten seinen Kopf auf ein dickes Kissen. Er atmete sehr laut und seine Augen waren geschlossen.

„Was sollen wir machen? Denkst du, dass er sterben wird?", weinte meine Mutter.

Ich wusste auch nicht, was wir machen sollten. Vielleicht hatte sich der Kapitän während dem Kampf mit dem Fremden verletzt? Ich konnte keine Wunde und auch kein Blut sehen. Ich ging zurück in die Küche und holte den Rum. Dann versuchte ich mit einem Löffel den Rum in den Mund des alten Mannes zu bekommen. Aber er öffnete seinen Mund nicht. Glücklicherweise klopfte es wenig später an der Tür und Dr. Livesay kam herein.

„Herr Doktor! Sie schickt der Himmel! Sehen Sie diesen Mann! Was sollen wir mit ihm machen?", riefen meine Mutter und ich. „Vielleicht hat er eine Wunde?"

„Eine Wunde? Der Mann ist nicht verwundet. Keine Sorge. Er hat einen Herzinfarkt gehabt. Ich hatte das schon erwartet, so viel Rum wie er jeden Tag trinkt! Frau Hawkins gehen Sie zu ihrem Mann und erzählen Sie ihm bitte nichts von dieser Geschichte. Ich werde versuchen, das nutzlose Leben dieses Mannes zu retten. Jim, geh und hole mir bitte eine große Schüssel mit Wasser!"

Als ich aus der Küche mit der Schüssel zurück kam, hatte der Doktor das Hemd des alten Mannes aufgeschnitten. Seine Arme waren voll mit verschiedenen Tätowierungen. Auf seiner Schulter konnte man einen Namen lesen: Bill Bones.

„Jim, hast du Angst Blut zu sehen? Wir müssen uns das Blut des Mannes ansehen."

„Nein, Herr Doktor.", sagte ich nur.

„Gut, mein Junge. Du musst die Schüssel unter seinem Arm halten. Ich öffne dann seine Ader."

Er öffnete die Ader des alten Seemanns und eine große Menge Blut floss in die Schüssel. Nach ein paar Minuten öffnete der Kapitän wieder die Augen und sah um sich herum. Dann versuchte er plötzlich aufzustehen und rief:

„Wo ist der Schwarze Hund?"

„Hier ist kein schwarzer Hund", sagte der Doktor. „Sie haben zu viel Rum getrunken und einen Herzinfarkt gehabt. Und ich musste mir jetzt die Arbeit machen, ihr nutzloses Leben zu retten. Also, Herr Bones … ."

„So heiße ich nicht."

„Es ist nicht wirklich wichtig, wie Sie heißen.", antwortete der Doktor. „Ein Pirat, den ich kenne, heißt so und weil es einfacher ist, gebe ich Ihnen diesen Namen und Sie werden mir jetzt genau zuhören: Wenn Sie ein Glas Rum trinken, dann ist das kein Problem und wird sie nicht töten, aber wenn Sie glauben, dass Sie fünf oder mehr Gläser trinken müssen, garantiere ich Ihnen, dass Sie bald tot sein werden. Und jetzt stehen Sie bitte auf. Ich werde Ihnen helfen in ihr Bett zu kommen."

Zusammen versuchten der Doktor und ich den alten Mann die Treppe hoch in sein Bett zu bringen. Erschöpft und müde fiel er in sein Bett.

„Denken Sie daran", sagte der Doktor noch einmal, „wenn Sie sterben wollen, trinken Sie weiter Rum!"

Danach nahm er mich am Arm und wir verließen das Zimmer.

Kapitel 3 – Der schwarze Fleck

Mittags brachte ich dem Kapitän Wasser und Medizin. Er lag in seinem Bett und bewegte sich nicht. Aber er war wach. Er schien sehr nervös zu sein.

„Jim", sagte er, „Du weißt, dass ich dich sehr mag. Du bist ein guter Junge, das wusste ich schon, als ich dich das erste Mal gesehen habe. Jeden Monat habe ich dir deine vier silbernen Pfennige bezahlt. Ich brauche wieder deine Hilfe. Du siehst, ich liege hier im Bett, ich bin schwach und kann mich kaum bewegen. Ich brauche ein Glas Rum, um mich besser zu fühlen. Sei ein guter Junge, geh in die Küche und hol mir ein Glas."

„Der Doktor hat gesagt, ...", begann ich.

„Der Doktor. Mir ist egal, was der Doktor sagt. Diese Doktoren sind alle keine richtigen Männer. Was weiß dieser Doktor über den Körper eines Seemanns? Ich war in so vielen Ländern, ich habe so viele Leute sterben gesehen, was weiß der Doktor hier in seinem kleinen Dorf über die Welt und seine Krankheiten? Nichts. Ich sage dir, ich habe früher wochenlang nichts anderes getrunken als Rum. Ich habe nichts gegessen, kein Wasser getrunken und keine Frau in meinen Armen gehabt. Mein einziger Freund war der Rum und er war mir immer ein guter Freund. Und jetzt kommt so ein Dorfdoktor und will mir erzählen, dass der Rum nicht gut für mich ist? Zum Teufel mit

158

dem Doktor. Siehst du meine Hände? Sie zittern ohne Pause. Ich brauche ein bisschen Rum, um meinen Körper zu beruhigen. Danach wird es mir viel besser gehen. Dieser verfluchte Doktor weiß nicht, von was er spricht. Ohne meinen Rum fange ich an zu fantasieren und ich sehe Dinge, die hier nicht sein sollten. Vorher habe ich zum Beispiel den alten Flint dort drüben gesehen. Den alten Flint! Jim, sei ein guter Junge, bring mir ein Glas Rum. Der Doktor hat selbst gesagt, dass ein Glas Rum nicht gefährlich ist. Nur ein Glas Rum und nicht mehr! Ich gebe dir ein ganzes Goldstück, mein Junge!"

Ich sah ihn an und überlegte, was ich machen sollte. Der alte Mann lag in seinem Bett und sah wirklich schlecht aus. Der Doktor hatte gesagt, dass ein Glas Rum kein Problem war, aber trotzdem hatte ich Angst, dass ein Glas zu viel sein könnte. Schließlich beschloss ich, den Worten des Doktors zu vertrauen.

„Ich brauche ihr Geld nicht. Geben Sie besser meinem Vater das Geld, dass Sie ihm schulden.", sagte ich, „Ich werde Ihnen ein Glas holen, aber wirklich nur ein Glas."

Ich ging in die Küche und holte ihm ein Glas mit Rum. Ich gab ihm das Glas und er trank es so schnell, wie ein Mann, der seit ein paar Tagen kein Wasser mehr bekommen hatte.

„Danke, Junge. Jetzt fühle ich mich schon viel besser. Bring mir ein zweites Glas, ich glaube, mein Körper braucht noch ein bisschen mehr. Wie lange muss ich hier in diesem Bett bleiben, hat der Doktor gesagt?"

„Mindestens eine Woche, vielleicht länger.", antwortete ich.

„Eine Woche? Zum Teufel mit dem Doktor und seinen Ideen. Ich kann nicht für eine Woche in diesem Bett bleiben. Der Schwarze Hund wird hierher kommen und mich finden. Sie wollen mein Gold rauben, weil sie kein Gold mehr haben. Aber ich habe keine Angst! Wenn sie hierher kommen, werden sie mich kennen lernen! Wenn sie Probleme brauchen, werden sie sie bekommen!"

Während er das sagte, war er aufgestanden und hatte mich am Arm gepackt, um nicht auf den Boden zu fallen. Er war so schwach, dass er kaum stehen konnte. Er setzte sich wieder auf das Bett.

„Was hat dieser verfluchte Doktor mit mir gemacht? Warum bin ich so schwach? Alles dreht sich. Hilf mir, Junge, ich will mich wieder ins Bett legen."

Er ließ sich wieder in sein Kissen fallen und sagte für ein paar Minuten nichts mehr.

„Jim!", sagte er schließlich, „Hast du den Seemann heute gesehen?"

„Den Schwarzen Hund?", fragte ich.

„Ja, der Schwarze Hund.", sagte er. „Das ist ein sehr böser Mensch. Aber glaub mir, die Anderen sind noch viel böser und gefährlicher. Sie werden mir den schwarzen Fleck schicken und weißt du, warum? Weil sie meinen alten Koffer wollen! Hör zu! Setz dich auf ein Pferd – du kannst reiten, Junge, nicht wahr? - und reite zu diesem Feigling von Doktor. Sag ihm, dass er alle Männer mit Waffen, die er hat, hierher bringen soll und dann beenden wir diese Geschichte endlich. Dann können sie hierher kommen, diese Ratten, die ganze Mannschaft vom alten Flint. Alle, die noch leben. Ich war der erste Maat vom alten Flint und ich habe seine Karte. Er hat sie mir gegeben, als er im Sterben lag, so wie ich jetzt hier im Bett. Aber das ist unser Geheimnis. Du darfst kein Wort sagen, zu niemandem, egal, was passiert. Versprochen?"

„Kapitän, was ist der schwarze Fleck?", fragte ich vorsichtig.

„Das ist wie eine Einladung, aber leider nicht für einen Geburtstag. Ich werde dir das besser erklären, wenn sie mir den schwarzen Fleck geschickt haben. Du musst mir helfen, Jim. Beobachte die Leute und sag mir, wenn du etwas siehst, was nicht normal ist. Ich werde meinen Schatz mit dir teilen, ich gebe dir mein Wort!"

Er sprach für ein paar Minuten länger, dann wurde er schwächer und schwächer und nachdem ich ihm seine Medizin gegeben hatte, schlief er schnell ein. Ich verließ das Zimmer und ging hinunter in die Küche, um mit der Arbeit im Gasthaus weiter zu machen. Wahrscheinlich hätte ich die Geschichte dem Doktor erzählen sollen. Ich hatte Angst wie noch nie in meinem Leben. Der Kapitän hatte mir sein Geheimnis verraten und ich hätte es besser nicht gehört. Vielleicht würde der alte Seemann Morgen denken, dass es eine schlechte Idee gewesen war, mir von seinem Koffer zu erzählen. Und was würde er dann machen? Wahrscheinlich würde er mich töten. Aber ich vergaß dieses Problem sehr schnell, weil an diesem Abend plötzlich mein armer Vater starb. Ich war sehr traurig und hatte so viel Arbeit mit den Vorbereitungen für das Begräbnis meines Vaters und dem Gasthaus, dass ich keine Zeit hatte, um über den Kapitän, seinen Koffer oder die anderen Piraten nachzudenken oder Angst zu haben.

Nach ein paar Tagen verließ der Kapitän sein Zimmer und kam wieder nach unten. Er setzte sich an seinen Tisch und aß sehr wenig. Aber er trank wieder so viel Rum wie vor seinem Herzinfarkt. Er wartete nicht mehr darauf, dass ich ihm den Rum brachte. Mittlerweile ging er selbst in die Küche und holte sich den Rum. Niemand im Gasthaus hatte den Mut, um ihm das zu verbieten. Am Abend des Begräbnis meines Vaters war er so betrunken, dass er im Gasthaus saß und laut seine Piratenlieder sang. Der Kapitän war sehr schwach und jeden Tag wurde er schwächer. Der Doktor hatte im Moment wenig Zeit und kam fast nie in das Gasthaus. Der alte Seemann hatte jeden Tag größere Schwierigkeiten in sein Zimmer und zurück nach unten zu kommen. Außerdem hatte er viel Gewicht verloren und war jeden Tag dünner. Manchmal öffnete er die Tür, beobachtete für ein paar Minuten das Meer und genoss die frische Meeresluft. Sein Atem war die meiste Zeit schwer und schnell, wie nach einer anstrengenden Arbeit. Er sprach fast nie und es schien, dass er in seinen eigenen Gedanken verloren war. Ich war ziemlich sicher, dass er vergessen hatte, dass er mir seine Geschichte erzählt hatte. Deshalb verlor ich Stück für Stück meine Angst und machte mir wegen dem Kapitän keine Sorgen mehr.

Eines Tages, ich glaube, es war der dritte Tag nach dem Begräbnis meines Vaters, als ich vor der Tür saß und traurig an meinen Vater dachte, sah ich einen eigenartigen Mann die Straße entlang gehen. Es war sehr kalt und das Wetter war neblig und windig. Der Mann war blind, das konnte ich deshalb erkennen, weil er einen Stock in der Hand hatte, mit dem er seinen Weg suchte. Ich konnte sein Gesicht nicht sehen, aber der Mann ging wie ein alter Mann und trug alte, schmutzige und kaputte Kleidung. Wahrscheinlich war er früher ein Seemann gewesen. Langsam näherte er sich und als er nur noch ein paar Meter von mir entfernt war, rief er:

„Mein Freund, möchtest du einem alten, blinden Mann helfen und ihm sagen, wo er ist? Ich glaube, ich habe mich verlaufen."

„Mein Herr, Sie sind hier vor dem Gasthaus „Admiral Benbow" an der nördlichen Küste."

„Ich höre eine Stimme. Die Stimme eines jungen Mannes. Gib mir deine Hand und hilf mir in das Gasthaus hinein."

Ich gab ihm meine Hand und wollte dem alten, schwachen Mann helfen, aber in diesem Moment packte der Mann meine Hand mit voller Kraft und ich bemerkte, dass er kein alter, schwacher Mann war.

„Gut, Junge", sagte der Mann, „Wo ist der Kapitän? Bring mich zu ihm!"

„Herr! Das kann ich nicht machen. Der Kapitän will keinen Besuch haben.", antwortete ich.

„Bring mich sofort zu ihm, Junge, wenn du dein Leben nicht verlieren willst. Ich warne dich, tu, was ich dir sage und mach keinen Unsinn."

„Herr, der Kapitän ist verrückt geworden! Er ist gefährlich. Er hat immer ein Messer in der Hand und sagt, dass er niemanden sehen will!"

„Beweg dich! Bring mich zu ihm und hör auf mir deine

dummen Geschichten zu erzählen.", schrie der Mann mit einer kalten und hässlichen Stimme. Der Mann machte mir Angst und ich beschloss zu tun, was er von mir wollte. Ich brachte ihn in das Zimmer, wo der Kapitän vor seinem Glas Rum saß. Der alte, kranke Mann hatte wieder einmal zu viel Rum getrunken und saß betrunken am Tisch.

„Bring mich zu seinem Tisch, Junge, und wenn er mich sehen kann, dann sag ihm, dass ein Freund von ihm hier ist, um ihn zu besuchen."

Der blinde Mann machte mir so viel Angst, dass ich meine Angst vor dem Kapitän vergessen hatte. Ich brachte den blinden Mann näher an den Tisch und sagte dann mit lauter Stimme:

„Kapitän, hier ist Besuch für Sie. Ein alter Freund möchte mit Ihnen sprechen."

Der Kapitän wachte aus seinem Delirium auf und blickte zuerst mich und dann den blinden Mann an. Es schien, dass er in wenigen Sekunden nüchtern geworden war. Er versuchte aufzustehen, aber er hatte nicht die Kraft und setzte sich wieder auf seinen Stuhl.

„Bill, bleib sitzen, du musst nicht aufstehen. Ich sehe nicht, aber ich habe sehr gute Ohren und höre, wenn sich nur ein Finger bewegt. Geschäft ist Geschäft. Gib mir deine linke Hand, Bill. Junge! Nimm seine linke Hand und lege sie in meine rechte

Hand."

Ich legte die Hand des Kapitäns in die Hand des blinden Mannes. Dieser legte einen kleinen Gegenstand, den ich nicht sehen konnte, in die Hand des Kapitäns und schloss sie danach.

„Sehr gut. Jetzt hat alles seine Ordnung.", sagte der blinde Mann. Dann drehte er sich um und ließ meine Hand los. Danach lief er mit einer Geschwindigkeit auf die Straße hinaus, die ich nicht erwartet hätte. Schnell entfernte er sich vom Gasthaus und ich konnte ihn nicht mehr sehen.

Der Kapitän und ich sagten für eine lange Zeit kein Wort. Der blinde Mann hatte uns sprachlos gemacht. Dann öffnete der Kapitän seine Hand und sah den Gegenstand genauer an.

„Zehn Uhr", rief er, „sechs Stunden! Nun gut, wenn sie Probleme wollen, dann sollen sie Probleme haben!" Danach stand er schnell auf.

Aber er stand keine Minute, als er sich an die Brust griff, dort wo das Herz ist, kurz vor Schmerz schrie und dann auf den Boden fiel. Ich rief sofort meine Mutter und wir versuchten ihm zu helfen, aber wir konnten nichts machen. Er hatte einen zweiten Herzinfarkt gehabt und dieses Mal war er gestorben. Obwohl ich den Kapitän nicht wirklich gemocht hatte, begann ich zu weinen. Es war der zweite tote Mensch, den ich in wenigen Tagen gesehen hatte und mein junges Herz hatte noch nicht gelernt, den Tod zu ignorieren.

Ende der Leseprobe Classics simplified for Language-Learners: „Die Schatzinsel"

Magst du die Geschichte? Du findest das Buch bei Amazon!

Made in the USA
Middletown, DE
21 February 2020